진짜 공신들만 아는

학생부
종합전형의비밀

진짜 공신들만 아는 학생부종합전형의 비밀

초판 1쇄 인쇄 2016년 5월 10일
초판 1쇄 발행 2016년 5월 16일

지은이 김범수
발행인 조상현
편집인 봄눈 김사라
디자인 김성엽의 디자인모아

펴낸곳 더디퍼런스
등록번호 제2015-000237호
주소 서울시 마포구 마포대로 127, 304호
문의 02-725-9988
팩스 02-6974-1237
이메일 thedibooks@naver.com
홈페이지 www.thedifference.co.kr

ISBN 979-11-86217-36-8 (43370)

진짜 공신들만 아는

학생부
종합전형의비밀

김범수 지음

IN SEOUL

더디퍼런스

언제나 도움 되는
책이기를 바라며

얼마 전 누군가가 '고3 자유학기제'라는 말을 했다. 자유학기제는 중학생에게만 적용되는데 뜬금없이 '고3 자유학기제'라니?

다행히 그 의문은 금방 풀렸다. 고3 수험생들이 학생부종합전형으로 대학에 가기 위해 준비하고 또 준비하는 행태를 풍자한 말이었다. 이렇듯 학생부종합전형에 대한 선호는 갈수록 높아지고 있다. 대부분의 대학에서 수능 최저학력기준을 요구하지 않고, 특별한 자격조건도 없으며, 덤으로 설레는 희망도 주기 때문이다.

여기서 말하는 희망이란 학생부종합전형으로 본인의 실력을 뛰어넘는 명문대학에 합격하는 것을 말한다. 실제로도 학생부종합전형에 대한 이런 오해는 흔하다. 왜냐하면 전설처럼 근사한 경험담이 적지 않기 때문이다. 예컨대 학생부종합전형으로 학생부 교과 4~5등급 학생이 서강대에 합격했다거나 아니면 5등급 학생이 인서울 대학 의상학과에 합격했다거나 하는 것 등이다. 물론 이런 사례가 없는 것은 아니다. 하지만 그만큼 예외적인 경우라고 생각해야 한다.

'유명 외고에서 연세대에 합격한 학생이랑 저 물 건너 바다 건너 섬마을 학생이 연세대에 합격한 경우, 둘 중 누가 뉴스에 나오겠습니까?'라는 질문을 할 때면 모두 '후자'라고 대답한다. 맞다, 그만큼 흔하지 않기 때문에 전설로 전해지고 강조되는 것이다.

시중에는 학생부종합전형에 대한 다양한 책이 넘쳐난다. 하지만 실제 수요자인 학부모와 학생 들이 읽기에는 어려운 책이 적지 않다. 공급자 중심으로 썼기 때문이다.

내게는 원칙이 하나 있다. 다름 아닌 '항상 수요자 중심으로 글을 쓰는 것'이다. 쉽고 재밌고 시간 가는 줄 모르게 읽을 수 있는, 그렇지만 콘텐츠는 절대 가볍지 않은 책 말이다. 지금까지 출간한 《진짜 공신이 되는 기적의 공부법》《IN서울 대학 자기소개서 쓰기의 비밀》《강남 엄마도 모르는 사교육의 비밀》그리고 이 책《진짜 공신들만 아는 학생부종합전형의 비밀》을 비롯한 모든 책은 그러한 원칙하에 집필하였으며 앞으로도 그렇게 만들 것이다.

《진짜 공신들만 아는 학생부종합전형의 비밀》역시 철저히 수요자의 입장에서 집필했다. 학부모와 수험생이 쉽게 읽고 이해하며 적용해서 효과를 체감할 수 있도록 노력했다. 학부모와 수험생이 오해하고 있는, 혹은 궁금증을 가지고 있는 학생부종합전형의 키워드를 중심으로 학생부종합전형의 실체와 본질을 이해하도록 돕기 위해 노력했다. 또한 이를 토대로 구체적인 수시합격전략을 어떻게 수립하고 활용할 수 있는지 'How'를 담기 위해 노력했다. 2,000여 건에 이르는 실제 수시합격자들의 내신등급, 수상실적, 비교과 활동, 봉사시간 등의 구체적인 정보를 담은 것도 이런 이유에서이다.

이제는 그 자료를 CD에 담아 부록으로 공개하게 됐다. 대학별 합격자 스펙과 내신등급별 합격자 스펙의 2가지 분야로 정리했다. 별책부록에 담겨 있는 자료는 이 책을 다 읽은 후 보길 권한다. 학생부종합전형에 대한 본질을 이해한 후 실제 합격자 데이터를 접해야 무엇을 어떻게 할지 방향이 확실히 보이기 때문이다. 아무쪼록 이 책이 학생부종합전형을 준비하는 여러 학부모와 수험생 들에게 갈증을 풀어주는 시원한 생수로 쓰이길 바란다.

끝으로 어려운 출판 환경 속에서도 흔쾌히 이 책이 세상에 나오도록 도와주신 더디퍼런스 조상현 대표님, 그리고 기획과 디자인으로 생명력을 불어넣어 주신 관계자분들께 진정으로 감사한 마음을 전한다. 이 책을 읽고 궁금한 내용이 있는 분은 아이플러스컨설팅(1661-9286, 아이플러스 행복한 11월의 목소리 카페 http://cafe.naver.com/skylovedu) 또는 skylovedu@naver.com으로 문의를 주시면 최선을 다해 돕겠다.

아이플러스컨설팅 사무실에서

김범수

머리말

언제나 도움 되는 책이기를 바라며

대학이 말해주지 않는
학생부종합전형의 비밀

지난해에는
이 스펙으로 합격했는데

인서울 대학
자기소개서 쓰기의 비밀

▶ 4개년(2012~2016) 수시합격자 4대 스펙(교과, 비교과 등) 2,000여 건 대공개

▶ 서울대, 연세대, 고려대, KAIST, POSTEC 등 42개 대학 합격자 스펙

▶ 내신 등급별 수시합격자 스펙

Part 1

대학이 말해주지 않는
학생부종합전형의 비밀

수상실적이
필요할까?

다음 기사를 먼저 읽어보자. 《동아일보》에서 보도한 기사이다.
보다 쉽게 읽을 수 있도록 약간의 편집을 했다.

서울 서초고는 2016학년도 입시에서 수시전형으로만 4년제 주
요 대학에 135명을 보냈다. 서초고는 강남권인 서초구에 있지
만 인근의 수많은 명문고에 밀려 비선호 학교로 꼽혀왔다. 그
런데 서초고 3학년 재학생(388명) 중 49퍼센트(190명)가 수시에
합격했다. 서울대, 연세대, 고려대, 서강대, 성균관대, 이화여대
등 주요 대학 합격생이 61명에서 135명으로 대폭 늘었다.

학생들은 무슨 활동을 하든지 반드시 결과물을 작성하고 평가 받는다. 전체 학년에 학교에서 준 상만 1,920장. ▲스포츠클럽 대회 ▲독도 탐방 기행문 쓰기 대회 ▲고사성어 탐구대회 등 종류도 다양하다. 교감은 '결코 상을 남발하는 게 아니다'라며 '수시전형 자기소개서에 학교에서 한 다양한 활동을 적어야 하는데, 학교가 그에 맞는 장을 마련해주지 않으면 학생들이 대입을 준비할 수 없다'고 말했다.

이 기사 하나로 수상실적이 학생부종합전형에서 어떤 위치를 차지하는지 대략적인 감이 올 것이다. 학생부종합전형에서 오해하는 것 중 하나는 바로 수상실적이다. 교내 상이 많아야 좋은 건지, 적어도 상관없는 건지 명확한 결론이 없다. 대학들도 '많은 상을 수상한 것이 중요하지 않다. 결과가 아닌 동기와 과정을 평가하기 때문이다'라며 다소 모호한 답변을 내놓는다. 실제로 그렇게 믿고 있는 학부모도 적지 않다. 하지만 진실은 '아니다'. 다음의 기사를 읽어보자.《서울신문》에서 보도한 기사이다.

이렇게 고교가 자체적으로 스펙을 마구잡이로 만들어주거나 관리해주다 보니 정작 대학에선 '객관적인 평가가 어렵다'는 얘기가 나오고 있다. 서울의 한 대학 입학팀 관계자는 'A고교

의 수학경시대회와 B고교의 수학경시대회 수준이 다른데 같은
점수를 줄 수는 없다'며 '교육부가 외부 스펙 기재를 금지하고
내부 스펙 처리를 대학에 모두 맡기는 바람에 혼란이 이만저만
이 아니다'라고 한숨을 내쉬었다.

'A고교의 수학경시대회와 B고교의 수학경시대회 수준이 다른데
같은 점수를 줄 수는 없다'는 문장에 주목하자. 아니라고 하면서 실제
로는 평가를 하고 있다는 의미이다.

뒷장에서 소개할 이미지는 서울 모 사립대학의 학생부종합전형
평가프로그램이다. '문화 예술적 소양'이라는 항목이 있기 때문에 눈
썰미 있는 학부모들은 어떤 대학인지 금방 눈치챌 것이다. 대학마다
약간의 차이는 있겠지만 큰 틀은 비슷하다고 볼 수 있다.

한번 살펴보자. 항목별로 점수화해서 입력한다는 것이 눈에 들어
온다. 역량평가에 있는 자기관리 및 개발능력을 보자. 수상실적은 이
항목에 점수화되어 포함된다. 상중하로 등급을 매기는데, 평가자 맘
대로 등급을 정하지 못한다. 여러 가지 기준을 따져서 몇 점 이상이면
상, 몇 점 이상이면 중, 몇 점 이상이면 하라는 등급을 매기게 된다.
그 기준 중 하나가 바로 수상실적이다.

수시로 대학에 잘 보내는 고등학교들은 하나같이 교내 상을 넉

▶서울 모 사립대학의 학생부종합전형 평가프로그램

고교정보

설립구분	공립		유형구분		일반고
재학현황	학급수		남		여
1학년	10		0		0
2학년	10		0		0
3학년	10		0		0
추천교사	추천자수		합격자수		합격률
2015학년도	0		0		
2016학년도	0		0		
지역					
규모구분	000,000				
재산세(1인)	전국평균 : 80,000				
수급자비율	전국평균 : 3				

학교생활기록부 교과성적

구분	1학년	2학년	3학년	전체	학업향상
국어	3.5	3	1.75	2.75	□
영어	3	3.5	3	3.17	□
수학	5	4	3.5	4.2	□
사회/과학	3	3	2	2.67	□
전체	3.63	3.38	2.56	3.2	

역량평가(3항목만 평가)

항목	상	중	하
리더십	○	○	○
봉사정신	○	○	○
외국어능력	○	○	○
학업적성	○	○	○
의사소통 및 표현능력	○	○	○
협동심 및 대인관계능력	○	○	○
창의적 문제해결능력	○	○	○
자기관리 및 개발능력	○	○	○
문화 예술적 소양	○	○	○
역경극복	○	○	○

종합평가

항목	상	중	하
전공적합성	○	○	○
자기주도성	○	○	○
경험다양성	○	○	○
발전가능성	○	○	○

＊우측 가운데 있는 '역량평가(3항목만 평가)'의 '자기관리 및 개발능력' 부분에 수상실적이 포함되는 것이다.

넉하게 준다는 공통점이 있다. 실제로도 정시형 고등학교들은 대체적으로 교내 상에 인색한 편이다.

　학생부종합전형으로 합격하기 위해서는 교내 상 수상실적이 몇 건 이상 필요할까? 일반고와 특목고 가릴 것 없이 학생부종합전형을 지원하는 수험생들의 평균 수상실적은 12건 정도이다. 실제로도 학생부종합전형 합격자들의 수상실적은 10건 이상이 가장 많았다. 학생부종합전형에 지원할 생각이라면 교내 상을 몇 건 받았는지 따져보자. 교내 상 실적이 몇 건 안 된다면 '일단 불리하다'고 생각해도 무방하다.

학생부 교과등급 4~5등급도
가능성이 있을까?

    학생부종합전형은 대학별로 1가지 공통점이 있다. '학생부 교과 성적 00퍼센트' '자기소개서 00퍼센트' '추천서 00퍼센트' 등 평가지 표에 대한 구체적인 비율과 기준을 공개하지 않고, 대신 '종합적으로 평가한다'와 같은 애매모호한 표현을 쓴다는 점이다. 정량평가가 아닌 정성평가로 진행한다는 평가 또한 같은 맥락이다.

    보다 쉬운 예를 들어보겠다. 외국에서 몇 년간 살다온 A학생과 울릉도에서 살고 있는 B학생이 있다. 이 둘은 토익점수가 900점으로 같다. 정량평가는 두 학생의 환경적 차이를 무시하고 그 점수 그대로 반영하는 방식이라고 생각하면 된다. 반면 정성평가는 토익점수는

900점으로 같지만, 외국에서 살다온 A보다는 울릉도에서 자기주도적으로 공부한 B에게 더 높은 점수를 주는 평가방식이라고 이해하면 된다. 즉 결과보다는 과정을 중시하는 평가방식이라고 할 수 있는 것이다. 그러다 보니 적지 않은 오해가 생긴다. '학생부 교과성적이 4~5등급으로 상대적으로 낮아도 학생부 비교과 영역이 화려하다면 합격도 가능하다'는 것이 대표적인 오해이다.

'오해라니?'라는 질문이 나올 수도 있다. 대학이나 각종 입시업체에서 진행하는 입시설명회에서 '학생부종합전형은 교과성적만으로 학생을 선발하는 도구가 아니다. 학업능력과 발전가능성, 전공적합성, 인성 등을 종합적으로 평가하기 때문이다. 아니라면 어떻게 6~8등급 학생들이 명문대에 합격할 수 있겠나?'라는 이야기를 하기 때문이다. 맞는 말이긴 하다. 그렇지만 100퍼센트 맞는 말도 아니다.

한양대는 학생부종합전형에서 '수능 최저학력기준 폐지와 학생부 종합전형에서 학생부 교과성적을 반영하지 않는다'는 아주 파격적인 조건을 걸고 있다. '학생부 교과성적을 반영하지 않고 자기소개서와 추천서도 필요 없다. 학생부 교과등급 8등급 후반 학생까지도 합격했다'고 설명한다.

여기까지만 읽으면 어떤 생각이 들까? 아마도 '오호, 희망이 생기는걸? 혹시 모르니까 우리도 한번 지원해볼까?'라고 생각할 수도 있겠다. 하지만 알고 보니 그 8등급 후반 학생은 일반고가 아닌 서울의 어느 과학고 학생이었다.

《중앙일보》에서 〈열려라공부〉 대입담당기자로 일할 때였다. 당시 연세대에서 어마어마한 사건이 터진 적이 있었다. 연세대 입학사정관전형으로 학생부 교과등급 8등급 학생이 합격했던 것이다. 《중앙일보》뿐 아니라 여러 신문에서 대문짝만하게 보도를 했다. 그 기사는 학부모들의 엄청난 관심을 끌었다. 그 기사를 쓴 기자에게 '우리 아이도 합격할 수 있다는 희망을 심어줘서 고맙다!'라는 엄마들의 메일이 쏟아질 정도였다.

하지만 그 뒷이야기는 씁쓸하다. 그 친구는 모 지역 명문고 학생이었다. 그때만 해도 그곳은 비평준화 지역이었다. 당연히 그 학교는 지역 최고의 학교였다. 또한 그 친구는 8등급이고 9등급이고 상관없이 합격할 친구였다. 왜냐하면 (1)포스텍 국가지정 생물연구학정보센터의 유일한 고등학생 외부위원이었고 (2)학계에 보고되지 않은 새로운 곤충을 발견했으며 (3)국제학술논문 발표 등의 스펙을 갖추고 있었기 때문이다. 국제학술논문은 교수들도 발표하기 쉽지 않다. 하지만 이 친구는 고등학생 때 이미 몇 편의 국제학술논문을 발표한 터였다. 어떤가? 8등급이라도 합격할 만하지 않은가?

언론에서 특이한 사례로 떠들썩하게 보도되는 내용은 그냥 참고만 하는 편이 좋다. 과한 희망을 가지면 곤란하다. 언론에 보도되는 내용은 반대로 생각하면 된다. '한양대에서 학생부종합전형으로 8등급 학생까지 합격했다고 하면, 그만큼 이런 사례가 드물다는 뜻이구나!'라는 정도로 이해하면 된다.

유명 외고 학생이 연세대에 합격했다. 뉴스에 나올 일인가? 하지만 듣도 보도 못한 섬마을 학생이 연세대에 합격했다면? 아주 드물고 특이하고 예외적인 경우이기 때문에 언론에 대문짝만하게 보도될 것이다. 앞에서 학생부종합전형은 '교과성적만으로 학생을 선발하는 도구가 아니다. 학업능력과 발전가능성, 전공적합성, 인성 등을 종합적으로 평가하기 때문이다'라고 설명했다. 하지만 현실은 그렇지 않다.

뒷장의 표는 2015학년도 인서울 대학 학생부종합전형 합격자들의 학생부 평균 교과등급이다. 인서울 대학에서 학생부종합전형으로 합격을 기대할 수 있는 교과등급은 인문계열 2.42등급, 자연계열 2.45등급이라는 것을 알 수 있다.

뭔가 이상해 보일 수 있다. 분명 학생부종합전형은 교과성적만으로 학생을 선발하는 도구가 아니라고 했는데, 그럼에도 불구하고 대학별 합격자 평균등급이 쌍둥이처럼 닮아 있다. 국숭세단 라인을 살펴보자. 국숭세단은 국민대, 숭실대, 세종대, 단국대를 말한다. 통상 하나의 그룹으로 묶어서 말한다.

이들 대학의 학생부종합전형 합격자 평균 교과등급은 인문계열

▶인서울 대학 학생부종합전형 합격자 평균 교과 등급

대학명	전형명	인문계열	자연계열
건국대	KU자기추천	2.48등급	2.13등급
경희대	네오르네상스	1.8등급	1.74등급
광운대	참빛인재	3.56등급	3.56등급
국민대	국민프런티어	2.66등급	2.94등급
단국대	DKU인재	2.71등급	2.7등급
덕성여대	덕성인재	3.2등급	
동국대	DoDream	2.3등급	2.23등급
동덕여대	동덕창의리더	3.11등급	3.21등급
명지대	학생부종합	3.4등급	
상명대	상명인재	3.29등급	3.55등급
서강대	학생부종합	1.59등급	2.03등급
서울시립대	학생부종합	1.94등급	2.39등급
서울여대	학생부종합	3.19등급	3.32등급
성균관대	성균인재	1.9등급	1.74등급
세종대	창의인재	2.78등급	3.32등급
숙명여대	숙명미래리더	2.24등급	2.33등급
숭실대	SSU미래인재	2.51등급	2.6등급
이화여대	미래인재	2.08등급	2.06등급
중앙대	학생부종합(일반)	2.03등급	2.18등급
중앙대	학생부종합(심화)	3.11등급	2.68등급
한국외대	학생부종합(일반)	1.97등급	
한양대	학생부종합	2.06등급	2.47등급
평균	2.42등급	2.45등급	

*출처: 서울진로진학정보센터

진짜 공신들만 아는 학생부종합전형의 비밀

기준으로 국민대 2.66등급, 숭실대 2.51등급, 세종대 2.78등급, 단국대 2.71등급이다. 평균은 2.67등급이다. 참 재미있다. 대학마다 학생부종합전형에서 지향하는 인재상이 다르고 평가방법도 다를 텐데, 합격자 교과등급은 비슷하다. 대학들의 설명대로라면 뭔가 달라도 달라야 할 텐데, 분명히 비슷해 보인다.

이런 일이 생기는 원인은 학생부종합전형의 구조적인 문제점에 있다. 대학들이 설명하는 방식대로 학생을 뽑기 위해서는 충분한 시간이 필요하다.

학업능력, 발전가능성, 전공적합성, 인성 등을 종합적으로 평가하기 위해서는 지원자 개개인에 대해 심층적으로 평가할 수 있는 시간이 필요하다. 하지만 애석하게도 현실은 그렇지 못하다.

생각해보자. 수시모집 원서접수는 9월 중순경에 마무리한다. 합격자 발표는 10월 말부터 11월 초까지이다. 지원자를 평가하는 시간은 많아봐야 40일 정도이다. 대학마다 입학사정관은 많아야 20명 내외이다. 하지만 학생부종합전형으로 지원하는 수험생은 수만 명 규모이다. 지원자를 1만 명만 잡아도 입학사정관 1명이 수험생 500명을 담당해야 한다. 이런 상황에서 얼마나 수준 높은 종합평가가 이뤄질 것인지 의구심이 드는 것도 사실이다. 실제로도 입학사정관들을 만나보면 시간 부족을 하소연한다. 개개인을 평가할 시간이 충분하지 않으니 학생부 교과성적이 중요한 평가척도가 되는 것이다.

학생부종합전형 합격자들의 많은 수가 2등급대에 몰려 있는 또 다른 이유도 존재한다. 주요 대학의 입학처장들은 '대도시 출신 학생이든 아니면 중소도시 농어촌 학생이든 학생부 교과등급이 2등급 이내면 입학 후 큰 차이가 없더라'라는 말을 한다. 학생부종합전형으로 뽑았는데 이 학생이 적응을 못 해 학교를 그만두거나 반수를 한다면, 대학 입장에서는 좋을 게 하나도 없기 때문이다. 등록금 수입도 수입이지만 대학평가에서 크게 중요시되는 것 중 하나가 학생충원률과 자퇴율 등이기 때문이다. 2등급 이내면 기본적으로 부지런하고 잘 순응하는 학생일 것이라고 판단하는 셈이다.

그렇다면 4~5등급 수험생은 학생부종합전형에 지원하면 안 될까? 물론 된다. 2015학년도 인서울 대학 학생부종합전형 대학별 최저합격자 학생부 평균등급은 인문계열 4.1등급, 자연계열 4등급이었다. 합격 가능성이 전혀 없는 건 아니지만 합격 가능성이 높다는 것 또한 아니다. 그리고 4~5등급 수험생이 학생부종합전형에 합격하는 경우는 일반적이 아닌 특수한 경우일 때가 더 많다. 특수한 경우라는 건 외고, 국제고, 자사고 등 일반고가 아니라는 것이다. 다음은 〈학생부 교과등급 4~5등급도 학생부종합전형으로 합격할 수 있나요?〉라는 제목으로 언론사에 기고했던 칼럼이다. 한번 읽어보자.

다음 달이면 2016학년도 수시모집 원서접수가 시작된다. 수시모집 지원대학과 학과를 미리 결정한 경우도 있겠지만, 원서접수 마감일까지 고민을 거듭하는 경우도 적지 않다. 특히 학생부 교과등급 4~5등급 수준이라면 지원대학뿐 아니라 어떤 전형을 선택해야 하는지 결정조차 쉽지 않다. 누구는 남은 기간 대학수학능력시험 준비를 열심히 해서 정시모집에 승부를 걸어야 한다. 또 누구는 논술전형이나 전공적성 외에는 방법이 없다고 하니 혼란스러울 수밖에.

일반적으로 학생부종합전형은 학생부 교과등급 2~3등급 수험생들이 준비하는 전형이다. 실제로도 인서울 대학 학생부종합전형 합격자들의 학생부 교과등급 분포를 보면 2등급 > 3등급 > 1등급순으로 구성 비율이 많다. 그렇다면 4~5등급 수험생은 학생부종합전형을 돌보듯 해야 하나? 아니다. 이 등급의 수험생들도 학생부종합전형으로 합격의 기쁨을 누린다. 그것도 그저 그런 대학이 아니라 인서울 중상위권 대학에 떡하니 합격하는 것이다. 물론 그 비율은 2~3등급 수험생에 비해 많지는 않다. 그렇다고 적지도 않다.

지난해 중앙대 학생부종합전형 탐구형인재 합격자의 학생부 교과등급 평균은 4등급이었다. 건국대 KU자기추천전형 합격자의 학과별 커트라인은 주로 4~6등급대에 걸쳐 있다. 세종대 창의인재전형도 합격자 평균 교과등급이 3등급 후반에서 4등급 후반에 걸쳐 있는 모집단위가 5개에 이른다. 따라서 4~5등급 수험생들도 학생부종합전형을 두려워할 필요는 없다. 특히 전체적인 평균등급은 4~5등급이지만 특정교과의 성적이 2~3등급이라면 말이다.

이런 경우라면 자기소개서 1번 항목에서 특정교과를 좋아하고 잘하게 된 스토리를 지원학과에 대한 전공적합성과 연계해 풀어주면 불리함을 희석시킬 수 있다. 자기소개서 1번 항목은 고등학교 재학기간에 얼마나 공부를 잘했느냐를 따지기보다는, 대학에 들어와서 공부할 수 있는 학업역량을 평가하는 항목이라 할 수 있다. 따라서 지원학과와 관련한 특정교과의 성적이 좋다면 용기를 내서 학생부종합전형에 지원해보기를 권한다.

봉사시간을 기본만 하면
불리해질까?

대학들이 인성평가를 강조하면서 중요해진 것 중 하나가 바로 봉사시간이다. 봉사활동과 시간 등을 통해 그 학생의 인성을 유추해 볼 수 있기 때문이다. 예컨대 3년간 봉사시간이 300시간인 학생과 30시간인 학생이 있다면? 300시간 학생은 30시간 학생에 비해 인성적인 측면에서 더 높은 평가를 얻을 수 있을 것이다. 실제로도 그렇다.

학생부종합전형 지원 시 불이익을 받지 않는 기준 시간은 과연 몇 시간일까? 나는 '100시간 이상'이라고 말한다. 실제로도 학생부종합전형을 준비하는 학생들의 봉사시간 평균은 100시간 정도이다. 평균보다 덜하면 아무래도 유리해지기 어렵다.

대학들은 봉사활동에 대해서도 '봉사시간이 중요하지 않다. 봉사활동의 동기와 과정, 결과를 통해 어떤 성취를 얻었는지 종합적으로 살피기 때문이다'라고 말한다. 하지만 이것도 사실과는 다른 측면이 있다. 학생부종합전형은 단계별 전형이 많다. 주로 1단계에서 학생부와 자기소개서, 추천서 등 서류평가로 모집인원의 3~5배수를 뽑은 다음, 1단계 성적 00퍼센트와 면접고사 성적 00퍼센트를 반영하는 것이 일반적이다. 대학의 설명대로라면 면접과정에서 '봉사활동 시간이 굉장히 많은데 봉사활동을 하면서 느낀 점이 있나요?' '봉사활동 시간이 적은 것 같은데요?'와 같은 질문이 나와서는 안 될 것이다. 하지만 현실에서는 봉사시간과 관련한 문항이 학생부종합전형 면접문항의 상위 30위 안에 들 정도로 자주 등장하는 단골손님이다.

이런 질문을 받는다고 생각을 해보자. '이거다' 하는 변명거리가 떠오르지 않는다. 실제로도 이런 질문을 받은 수험생들의 답변은 하나같이 궁색하다. '봉사활동에 관심이 없어서가 아니라 고등학생은 학업이 가장 중요하다고 생각했다'와 같은 레퍼토리가 주로 등장한다. 1단계 서류평가를 통과해도 2단계 면접에서 이런 질문을 듣는다면 불안해질 수밖에 없다. 따라서 학생부종합전형에서 합격을 기대하기 위해서는 지원자 평균 정도의 봉사시간은 필요하다.

진로희망과 다른 학과에 지원한다면
불리해질까?

학생부종합전형 지원을 고민하는 학부모와 수험생 들이 고민하는 것 중 하나이다. 학생부에 있는 진로희망과 다른 학과에 지원하면 불리하지 않을까 하는 것이다. 물론 대학들은 '진로희망은 언제든지 바뀔 수 있다. 그렇기 때문에 그다지 중요한 내용은 아니다'라고 말한다. 하지만 당사자들은 불안에 떤다. '전공적합성' 때문이다.

《동아일보》의 〈신나는공부〉 대입담당기자로 일할 때 입시업체에서 주최한 학부모설명회에 간 적이 있었다. 그때 강사가 학생부종합전형을 두고 '학생부 진로희망과 독서 활동, 동아리 활동, 수상실적 등은 유기적으로 연결돼야 한다'고 설명을 했다. 그래야 좋은 평가를 받을 수 있다는 것이다.

예를 들어보자. 게임개발자가 꿈인 학생이 있다. 이 학생은 중학교부터 그 꿈을 키워왔다. 따라서 고등학교 3년 동안 게임개발과 관련한 각종 교내활동, 비교과 활동 등을 하나로 밀고 나갔다. 또 다른 학생이 있다. 이 학생은 꿈이 매년 바뀌었다. 1학년 때는 의사, 2학년 때는 생명공학 연구원, 3학년 때는 게임개발자. 만약 자신이 평가자라면 어떤 학생을 뽑을 것인가? 답은 정해져 있다. 이 또한 마찬가지로 대학의 설명대로라면 면접에서 '우리 학과에 오기 위해 어떤 노력을 했나요?' 또는 '○○이 되고 싶은데 왜 ○○학과를 안 가고 우리 학과에 지원했나요?' 또는 '학생부를 보니 꿈이 자주 바뀌었는데 그 이유는 무엇인가요?'와 같은 질문이 나와서는 안 될 터이다. 하지만 아쉽게도 이 질문은 출제빈도가 아주 높다.

그렇다면 어떻게 해야 할까? 상대방이 충분히 납득할 근거가 필요하다. 그렇지 않다면 면접에서 좋은 평가를 얻기가 힘들다. 그렇게 될 경우 최종합격의 기쁨도 얻기 힘들어진다. 1학년 때는 의사, 2학년 때는 생명공학 연구원, 3학년 때는 게임개발자인 학생이 있다고 했다. 만약 이 학생이 이렇게 대답했다고 하자.

"저는 1학년 때 의사가 꿈이었습니다. 하지만 학업성적이 좋지 않아 현실적으로 그 꿈을 이루기가 힘들다고 생각해 2학년 때는 관련이 많은 생명공학연구원을 선택했습니다. 탐구과목도 생명과학을 선택했습니다. 생명과학을 공부하다 보니 참 재밌는 내용인데 암기해야할 것이 많아 불편했습니다. 그래서 제가 좋아하는 생명과학 공부를 재밌게 할 수 있는 방법을 찾다가 '학습게임으로 만들면 어떨까?'라는 데에 생각이 닿았습니다. 여름방학을 이용해 게임동아리에 들어가 생명과학게임을 만들었습니다. 비교적 간단한 게임인데 교내 창의적 산출물대회에서 최우수상을 받았습니다. ○○○에서 주최한 게임공모전에도 출품했는데 아이디어상도 받았습니다. 그러면서 게임개발에 대한 관심이 커졌고 적성에도 잘 어울린다는 생각이 들어서 진로를 바꾸게 되었습니다."

어떤가? 충분한 설명이 되지 않는가? 진로희망이 수시로 바뀐 경우라면 어떤 대답을 해야 할지 반드시 염두에 둬야 한다.

동아리 활동, 기장 혹은
동아리 창업주가 된다면?

동아리 활동도 학생부종합전형에서 중요하게 평가되는 활동 중 하나이다. 그렇기 때문에 동아리 활동과 관련한 고민도 많다. 동아리 활동은 리더십과 발전가능성, 전공적합성을 가늠할 수 있는 활동이다. 동아리 활동은 '동아리 기장으로 활동했다' 또는 'ㅇㅇ동아리를 만들었다'와 같은 실적이 중요하다고 생각하는 이유이다. 실제로도 학생부에 앞에서 말한 것처럼 기록된 경우가 적지 않다.

동아리 기장은 동아리원들의 투표로 선출되기 때문에 리더십을 인정받을 수 있는 아이템이다. 동아리를 만드는 과정은 쉽지 않다. 일단 학교와 담당교사를 설득해야 하고 정식 동아리로 인정을 받아야 한다. 그다음에는 동아리를 홍보하고 동아리원을 모집한다. 학교 축제에서 동아리 부스를 기획·운영하는 내용을 담을 수 있기 때문에 리더십과 발전가능성, 전공적합성(전공과 관련된 동아리라면)을 평가받을 수 있다.

위와 같은 경우가 아니라도 걱정은 말자. 동아리에서 본인이 주도적으로 한 역할이 있다면 그것만으로도 충분히 상쇄가 된다. 기장이나 창업주는 아니지만 학교축제를 준비하는 과정에서 본인의 의견이 주도적으로 채택되어 좋은 결과를 냈거나 했을 경우라면 말이다. 눈치 빠른 독자라면 이미 핵심을 간파했을 터이다. 학생부종합전형으로 합격하기 위해서는 '동아리 활동에서 주도적인 역할이 필요하다'는 점 말이다.

학생부종합전형 합격의 마지막 변수
'면접'은 어떻게 준비해야 할까?

학생부종합전형의 마지막 변수는 바로 면접이다. 학생부종합전형은 대부분 단계별 전형이다. 1단계는 학생부, 자기소개서, 추천서 등 서류평가로 모집인원의 3~5배수를 선발한다. 그런 다음 1단계 성적 00퍼센트와 면접고사 성적 00퍼센트를 합쳐 최종합격자를 결정한다고 설명했다.

일반적인 패턴은 1단계 성적 70퍼센트와 면접고사 성적 30퍼센트이다. 1단계 성적이 월등히 좋지 않다면 면접고사를 잘 준비해야한다. 입학관계자들의 말을 빌려보면 '최종합격자의 20~30퍼센트 정도가 면접고사 결과로 바뀐다'라고 할 정도이다.

면접고사는 주로 10~15분 사이로 진행된다. 입학사정관을 포함해 2~3명의 면접관이 진행하는 형태이다. 의외로 면접 준비를 소홀히 하는 경우가 많다. 그러다가 후회하는 경우도 정말 많다. 어떻게 해야 면접 준비를 야무지게 잘했다고 소문이 날 수 있을까? 면접학원에 보낼까? 학교가 진행하는 면접 준비과정에 맡길까? 아니면 자기주도적으로 준비를 해야 할까? 정답은 아주 당연하다. '자기주도적으로 준비를 하는 것'이다.

다음은 수년에 걸쳐 자료를 축적하고 분석한 끝에 학생부종합전형 면접고사에서 가장 빈출이 많은 질문 상위 50개를 정리한 것이다. 이 질문만 준비해도 큰 어려움이 없으리라 생각된다.

면접고사에서 가장 빈출이 많은 질문 상위 50개

1. 자기소개를 해보세요.

2. 자신의 장단점은 무엇입니까?

3. 왜 성적이 갑자기 하락했나요?

4. 다른 과목에 비해 이 과목이 상대적으로 부진한 이유는 무엇입니까?

5. 성적이 많이 올랐는데 어떻게 공부를 한 건가요?

6. 입학 후 학업계획은 어떤가요?

7. 10년 후 자신의 모습과 그것을 이루기 위해 자신이 해야 할 노력을 이

야기해보세요.

8. 대학에 가서 무엇을 할 건가요?

9. 가장 힘들었던 순간은 언제였나요?

10. ○○대학교의 건학이념을 알고 있나요?

11. 우리 학과에 오기 위해 어떤 노력을 했나요?

12. 어린 시절에 어려움을 겪으면서 느낀 것은 무엇이었나요?

13. ○○대학교에 꼭 와야 하는 이유는 무엇인가요?

14. 본인을 표현하면 어떤 사람인가요?

15. 가장 감명 깊게 또는 인상 깊게 읽은 책에서 느낀 점을 말해보세요.

16. 가장 감명 깊게 또는 인상 깊게 읽은 책에서 기억나는 내용을 말해보
    세요.

17. 가장 최근에 읽은 책은 무엇입니까?

18. 고등학생에게 봉사활동은 어떤 의미인가요? 또는 봉사활동을 한 것이
    있다면 말해보세요.

19. 학생을 뽑아야 하는 이유는 무엇인가요?

20. 닮고 싶은 롤모델이 있습니까?

21. 봉사활동 시간이 굉장히 많은데 봉사활동을 하면서 느낀 점이 있나요?

22. 봉사활동 시간이 적은 것 같은데요?

23. 봉사활동 중 가장 기억에 남았던 봉사활동은 무엇이었나요?

24. 학생부를 보니 꿈이 자주 바뀌는데 구체적으로 뭘 하고 싶은 건가요?

25. 결석이 좀 있네요?

26. 꿈이 바뀌지 않았는데 그 이유는 무엇인가요?

27. 리더로서의 경험 중에 힘들었던 적은 언제였고 어떻게 극복했습니까?

28. 리더십을 발휘하였던 경험을 말해주세요.

29. 진로가 바뀐 이유는 무엇이지요?

30. ○○이 되고 싶은데 왜 ○○학과를 안가고 우리 학과에 지원했나요?

31. 학생은 ○○이 되고 싶은데 부모님은 ○○을 희망하고 있네요? 이유가 있나요?

32. 이 학과에 지원하게 된 동기는 무엇인가요?

33. 다른 대학에 합격하면 어디로 진학할 것인가요?

34. ○○대학교의 어떤 점이 좋아서 지원하게 되었나요?

35. 추천서에 보면 ○○이라고 선생님이 적었는데, 본인의 어떤 모습을 보고 그렇게 적었다고 생각합니까?

36. 반장 또는 부반장 활동을 하기가 어려웠을 텐데 이에 대해 말해보세요.

37. 본인이 어떤 이유로 이 학과에 적합하다고 생각합니까?

38. 학교에서 학업 말고 다른 점에서 목표를 정하고 성취한 경험이 있습니까?

39. 면접관에게 하고 싶은 말이 있나요?

40. 사교육을 받은 적이 없다고 했는데, 고교 생활을 하면서 친구들이 사교육을 받는 걸 보며 불안감을 느끼진 않았는지요?

41. 마지막으로 하고 싶은 말은 무엇인가요?

42. 다른 사람과 협동하는 과정에서 많은 문제 상황이 발생할 수 있는데 어떻게 대처하는지요?

43. 학생회나 반장 등의 다양한 리더로서 경험을 했는데 자신은 어떤 리더라고 생각합니까요?

44. 자기추천전형에 자신을 추천한 이유는 무엇입니까?

45. 가훈이 무엇입니까?

46. 만약 ○○학을 배우다가 자신과 맞지 않다는 생각이 들면 어떻게 하겠나요?

47. 고등학교 때 했던 특별한 활동이 있나요?

48. 본인의 고등학교를 자랑해보세요.

49. 본인이 평소에 주변에서 존경하는 사람이나 배울 점이 있었던 사람에 대해 말해보세요.

50. 마지막으로 하고 싶은 말은 무엇인가요? ('입학시켜주세요' '합격해야 돼요' 제외)

학생부종합전형, 학년이 올라갈수록 성적도 상승해야 유리하다는데?

    A학생의 학생부 교과등급은 '1학년: 3등급 → 2학년: 2.5등급 → 3학년: 2등급'이다. 전체 평균은 2.5등급. A학생의 사례처럼 학년이 올라갈수록 성적도 상승하는 경우는 학생부종합전형에서 유리하다고 한다. 그렇게 생각하는 사람들도 많다.

    하지만 뭔가 이상하지 않은가? 이런 학생들이 과연 얼마나 된다고 생각하는가? 물론 이런 식으로 꾸준히 성적이 상승한 경우도 적지 않기는 하다. 문제는 1~3학년 성적이 2.5등급으로 일정한 경우, 또는 A학생과 반대로 '1학년: 2등급 → 2학년: 2.5등급 → 3학년: 3등급'으로 갈수록 떨어지는 경우도 많다는 사실이다.

앞서 '인서울 대학 학생부종합전형 합격자 평균 학생부 교과등급은 2.5등급 이내'라고 말하였다. 그렇다면 'A학생처럼 학년이 올라갈수록 성적이 상승해 2.5등급이 된 경우 vs 3년 내내 2.5등급으로 성적이 일정한 경우 vs 학년이 올라갈수록 성적이 떨어져 2.5등급이 되는 경우를 놓고 보면, A학생만 유리하다는 건가?' 하는 의문이 들 것이다. 결론부터 말하면 A학생처럼 학년이 올라갈수록 성적이 상승해 2.5등급이 된 경우와 2.5등급으로 성적이 일정한 경우는 학생부종합전형 지원에 있어 큰 불이익이 없다고 볼 수 있지만, 반대의 경우라면 케이스 바이 케이스라고 볼 수 있다.

고교정보					역량평가(3항목만 평가)			
설립구분	공립		유형구분	일반고	항목	등급		
						상	중	하
재학현황	학급수		남	여	리더십	○	○	○
1학년	10		0	0	봉사정신	○	○	○
2학년	10		0	0	외국어능력	○	○	○
3학년	10		0	0	학업적성	○	○	○
추천교사	추천자수		합격자수	합격률	의사소통 및 표현능력	○	○	○
2015학년도	0		0		협동심 및 대인관계능력	○	○	○
2016학년도	0		0		창의적 문제해결능력	○	○	○
지역					자기관리 및 개발능력	○	○	○
규모구분	000,000				문화 예술적 소양	○	○	○
재산세(1인)	전국평균 : 80,000				역경극복	○	○	○
수급자비율	전국평균 : 3				종합평가	등급		
학교생활기록부 교과성적					항목	상	중	하
구분	1학년	2학년	3학년	전체	학업향상	전공적합성	○	○	○
국어	3.5	3	1.75	2.75	□	자기주도성	○	○	○
영어	3	3.5	3	3.17	□	경험다양성	○	○	○
수학	5	4	3.5	4.2	□	발전가능성	○	○	○
사회/과학	3	3	2	2.67	□				
전체	3.63	3.38	2.56	3.2					

앞에서 설명한 서울 모 사립대학의 학생부종합전형 평가프로그램을 다시 한 번 보자. 하단의 학교생활기록부 교과성적 오른쪽 끝에 '학업향상'이라는 아이콘이 있다. 왜 이런 아이콘이 있어야 할까? 앞에서 말한 이유 때문이다. '성적이 많이 올랐는데 어떻게 공부를 한 건가?'와 같은 질문을 하는 것도 마찬가지 이유이다.

학생부종합전형은 A학생의 사례처럼 학년이 올라갈수록 성적이 상승하는 경우가 유리하다는 증거이다. 일정한 경우는 정체되어 있다는 느낌을 가질 수 있지만, 뒤집어보면 꾸준하다고 볼 수도 있는 것이다. 학년이 올라갈수록 정신 차리고 공부하는 학생들이 계속 늘어나는 상황에서 자신의 자리를 지켰다는 것도 꾸준한 노력의 반증이기 때문이다.

문제는 성적이 떨어지는 경우다. 쉽게 생각해보자. 앞에서 말한 3명의 학생이 있다. 그중에서 2명을 뽑아야 한다. 자신에게 선택권이 있다면 어떤 학생을 뽑겠는가? 대부분 학년이 올라갈수록 성적이 상승하는 경우와 일정한 경우를 뽑을 터이다. 성적이 떨어지는 경우는 성실하지 못하다는 인상을 줄 수 있기 때문이다. 학생부종합전형은 학교생활을 종합적으로 평가하는 전형이다. 그중에서도 학생부 교과성적이 차지하는 비중이 얼마나 큰지는 앞에서 충분히 설명을 했다.

그렇다면 성적이 떨어지는 경우는 학생부종합전형을 포기해야 할까? 아니다. 그렇기 때문에 자기소개서가 있다. 학생부에는 성적이 떨어진 결과만 드러난다. 그 배경과 이유를 알 수가 없다. 하지만 학생부종합전형에는 다행히도 자기소개서라는 추가서류가 있다. 이 서류에 그 이유를 구체적으로 담으면 된다. 예컨대 갈수록 성적이 떨어진 이유가 아버지의 사업부도로 집안이 어려워졌고 조금이나마 도움이 되기 위해 주말마다 편의점 아르바이트를 시작했더니 공부할 시간이 줄어들어 약간씩 성적이 떨어진 경우라면? 이와 같은 불가피한 사정이 있다면 그런 사정을 일정 부분 평가에 반영하는 것이 바로 학생부종합전형이다.

　　하지만 이런 경우가 아니라면 면접고사에서 '왜 성적이 갑자기 하락했나?' '다른 과목에 비해 이 과목은 상대적으로 부진하다. 그 이유는?'과 같은 맞춤형 질문에 대답해야 하므로 진땀 꽤나 흘리게 될 터이다.

리더십 활동도
필요할까?

　　학생부종합전형을 준비하는 학생들의 머스트 해브 아이템 중 하나가 바로 학급실장이나 부실장, 학생회 임원 같은 리더십 활동이다. 실제로 학생부종합전형을 준비하는 수험생들은 일반고와 특목고 할 것 없이 평균 2개 학기 정도의 리더십 스펙을 갖추고 있다. 대학들은 리더십 활동에 대해서 '활동의 양적인 측면이 중요하지 않다. 그 활동을 통해 어떤 성취를 얻었는지 질적인 측면을 평가한다'라고 설명한다. 하나같이 애매모호한 표현이다. 하지만 지원자들이 평균적으로 2학기 정도의 리더십 스펙을 갖추고 있기 때문에 학생부종합전형에 지원할 생각이라면 평균은 하라고 권한다.

그다음은 질적인 측면을 따져야 한다. 예컨대 3년 연속 학급실장을 했던 학생과 3학년 1학기에만 1번 했던 학생, 이렇게 2명이 있다고 하자. 앞의 학생은 학교에서 스펙을 만들어주기 위해 전폭적으로 밀어준 결과물이다. 반면 뒤의 사례는 자신이 자진해서 하겠다고 한 사례이다. 실적으로는 3년 연속 학급실장을 맡은 학생이 더 높은 평가를 받아야 하겠지만, 이 학생은 감투만 썼을 뿐 그다지 한 일이 없다. 내세울 수 있는 스토리가 없다. 반면 뒤의 학생은 학급의 자습 분위기를 잘 관리해서 1학기 중간고사 때 하위권에 머물렀던 반 평균을 기말고사 때는 상위권으로 올렸다고 가정하자. 이 경우 둘 중 어떤 학생을 뽑겠는가?

2단계 면접에서 리더십과 관련해 주로 던지는 질문도 '리더로서의 경험 중에 힘들었던 적은 언제였고 어떻게 극복했습니까?' '리더십을 발휘하였던 경험은?' 등과 같이 구체적인 사례를 알고 싶어 하는 질문이다.

9

독서 활동은
어떡할까?

독서 스펙도 빼놓을 수 없다. 독서 활동이 활발하다면 학업능력과 전공적합성 등에서 좋은 평가를 얻을 수 있다고 생각하기 때문이다. 독서 활동과 관련해 오해하는 내용 중 대표적인 것은 '독서 활동이 지원전공과 밀접한 관련이 있어야 하느냐?'와 '얼마나 많이 읽어야 하느냐?'는 것이다. 결론부터 말하면 '적당하게'이다.

'적당하게'라는 의미를 오해하면 안 된다. 이는 '골고루 읽으라'는 의미이다. 융합적 사고력이 강조되는 시대이다. 그리고 융합적 사고력은 다양한 분야의 독서에서 길러진다. 따라서 지원전공과 관련이 있는 도서뿐 아니라 완전히 다른 분야의 도서도 골고루 읽어야 할 필요가 있다.

　예컨대 검사가 꿈인 학생이 있다고 하자. 이 꿈을 이루기 위해 법학과 진학을 목표로 세웠고, 법학 관련 독서만 했다. 이 학생의 독서 활동을 쉽게 표현하면 '나는 고기든 생선이든 다양한 반찬은 싫어. 오직 밥만 좋아! 그래서 매끼 쌀밥만 먹었어'와 같은 느낌이라 할 수 있겠다. 이러한 독서로는 영양소를 균형 있게 섭취할 수 없다. 뿐만 아니라 현실적으로도 전공 관련 독서만 할 수 없으며, 한다고 해도 고등학생이 이해할 수 있는 한계는 엄연히 존재한다.

　학생부종합전형을 지원하는 수험생들은 평균적으로 18~22권 정도의 독서 활동 경력이 있다. 계속해서 학생부종합전형 지원자들의 평균적인 스펙을 강조하는 것은 어차피 평균적인 학생들과 경쟁을 해야 하기 때문이다. 자신이 가진 스펙이 평균보다 불리한지 여부를 따져보고, 부족하다면 평균에 맞추도록 노력해야 한다. 아니라면 학생부종합전형에서 합격할 가능성도 상대적으로 낮아진다는 사실을 명심하자.

Part 2.

지난해에는 이 스펙으로
합격했는데

왜 이런 일이
생길까?

　입시에서 가장 위험한 생각 중 하나가 바로 '지난해에도 이 스펙으로 합격했으니 올해도 합격하겠지?'라는 것이다. 이는 '지난해 장마는 6월 1일부터 10일까지였으니 올해 장마 기간도 6월 1일부터 10일까지이다'라는 생각과 마찬가지라고 할 수 있다. 입시는 일기예보와 비슷하다는 생각이 든다. 세계 최고 성능의 슈퍼컴퓨터를 일기예보에 활용하지만 적중률은 80퍼센트 남짓이다. 그만큼 변수가 많다. 입시도 그만큼 변수가 많다. 지난해에 합격했으니 올해도 합격하는 경우도 많지만, 뒤통수를 맞는 경우도 적지 않다.

　예를 하나 들어보자. B는 학생부 교과성적 2.5등급인 일반고 학생이다. 담임교사와 진학상담을 하는데 담임교사가 서울의 모 여대를 추천했다. 지난해 B와 비슷한 스펙을 가진 학생이 합격했다는 이유에서였다. 하지만 1차 서류심사에서 광탈(광속탈락)했다. B는 울고불고 난리가 났다. 담임교사는 '이럴 리가 없는데…'라고 생각했지만 결과가 바뀔 수는 없는 노릇이다. 예시라고 표현하긴 했지만 이 같은 상황은 해마다 실제로 반복되고 있다. 왜 이런 일이 생길까?

변수는 2가지이다. 첫째는 모집인원의 변화이다. 다시 한 번 B의 사례로 돌아가 보자. B는 자신과 비슷한 스펙의 선배가 합격했다는 이유로 동일한 대학의 동일한 학과에 동일한 전형으로 지원했지만, 1차 서류심사에서 떨어졌다고 한다. 왜 이런 일이 생겼을까? 알고 보니 선배가 합격할 당시에는 모집인원이 8명이었는데, B가 지원할 당시에는 4명으로 줄었던 것이다. 모집인원이 줄어든 만큼 합격자 스펙은 지난해보다 높아졌다고 이해하면 된다.

보다 쉬운 이해를 위해 어른들의 눈높이에서 바라볼 수 있도록 또 다른 예시를 들어보려 한다. 주택청약통장을 예로 들어보자. 청약통장은 1순위와 2순위가 있다. 매년 50가구를 분양하는 C아파트에 해마다 1순위 20명, 2순위 30명이 지원한다고 가정해보자. 항상 1순위, 2순위 관계없이 모두가 분양을 받았다. 하지만 그랬던 C아파트가 20가구만 내놓는다면? 2순위는 모두 탈락이다. 이제 이해가 쉬워졌으리라 생각한다.

또 하나의 변수는 1단계 선발인원의 변화이다. 학생부종합전형은 대다수 대학들이 1단계에서 서류평가를 통해 모집인원의 3~5배수를 선발한다. 그다음에 1단계 성적과 면접고사 성적을 합쳐 최종합격자를 뽑는다. 예컨대 D대학은 해마다 1단계에서 5배수를 선발해왔다. 그러다 올해부터 3배수 선발로 바꿨다. 그렇다면 어떻게 바뀔까? 5배수일 때에 비해 1단계 합격자의 성적이 높아질 것이다.

횟집에서 표현하는 '시가'로 더욱 쉽게 이해해보자. 이상기온으로 자연산 광어가 지난해보다 2배 이상 많이 잡혔다면 시가는 낮아질 테고, 지난해의 반도 안 잡혔다면 높아질 것이다. '이 스펙으로 지난해에도 합격했으니 올해도 합격하겠지?'라는 생각이 얼마나 위험한지 이해했으리라 믿는다.

지난해 입시결과를
야무지게 활용하는 방법은 무엇일까?

여러 변수가 있음에도 불구하고, 지난해 입시결과는 입시의 방향성을 설정하는 데 있어 아주 중요한 참고자료가 되어준다.

'지난해 입시결과를 야무지게 활용하는 방법'을 이해하기 위해 A라는 학생을 예로 들어보자. A는 일반고 자연계열 3학년으로, 3학년 1학기까지의 학생부 교과성적은 2.8등급이다. A는 세종대 창의인재전형 전자정보통신공학과, 단국대 DKU창의인재전형 전자전기공학부에 지원할 생각이다. 그렇다면 가장 먼저 무엇을 해야 할까? 보통 이런 질문을 던지면 적지 않은 학부모와 수험생은 당황해버린다. 뭘 해야 할지 딱히 생각나지 않기 때문이다. 지금부터 하나하나 살펴보자.

1. 모집인원의 변화를 살핀다

가장 먼저 해야 할 일이다. 앞에서도 이야기했다. 인원수가 변하면 '이 스펙으로 지난해에도 합격했으니 올해도 합격하겠지?'라는 기대가 물거품으로 사라질 수 있다. 세종대와 단국대의 모집인원 변화를 먼저 확인해보자.

세종대 창의인재전형 전자정보통신공학과는 2015학년도 18명 → 2016학년도 16명으로 줄었고, 단국대 DKU창의인재전형 전자전기공학부는 2015학년도 14명 → 25명으로 늘었다. 세종대는 지난해보다 2명이 줄었고, 단국대는 무려 11명이 늘었다. 그렇다면 어떤 분석이 가능할까? 세종대는 모집인원이 줄었기 때문에 경쟁률과 합격자 스펙은 지난해보다 약간 높아질 것이라고 생각할 수 있다. 반면 단국대는 모집인원이 11명 늘었기 때문에 지난해와 비교해 경쟁률과 합격자 스펙이 낮아질 것이라고 생각할 수가 있다.

이런 식으로 지원하고자 하는 대학과 학과의 모집인원 변화를 먼저 살피면, 경쟁률과 합격자 스펙이 어떨 것인지 대략적인 추측이 가능해진다. 물론 100퍼센트 적중할 수는 없지만 어느 정도 방향성을 예상할 수는 있다.

2. 합격자 스펙을 살핀다

'응? 왜 지난해 합격자 스펙을 살피는 게 두 번째인 거지? 이게 첫 번째 아닌가?'라고 생각할 학부모가 많을 듯하다. 10이면 9명 이상이 지난해 합격자 스펙을 가장 먼저 보기 때문이다. 하지만 앞에서도 이야기했듯이 첫 단계는 모집인원의 변화를 살피는 것이다. 지난해 합격자 스펙만 보고 지원했다가는 뒤통수를 아주 아프게 맞을 가능성이 높아진다. 그 이유는 이미 설명했으니 넘어가도록 하자.

지난해 합격자 스펙을 확인하니 세종대 창의인재전형 전자정보통신공학과 합격자의 학생부 평균등급은 3.2등급, 단국대 DKU창의인재전형 전자전기공학부 합격자의 학생부 평균등급은 2.83등급이었다. 앞에서 세종대 창의인재전형 전자정보통신공학과는 지난해보다 2명이 줄었고, 단국대는 무려 11명이 늘었다고 했다. 그렇기 때문에 세종대의 경쟁률과 합격자 스펙은 지난해보다 약간 높아질 것이고, 단국대는 지난해보다는 약간 낮아질 것이라는 분석을 할 수 있다. 여기에 지난해 합격자 스펙을 합치면 좀 더 확실하게 점칠 수 있다. 세종대는 모집인원이 줄었기 때문에 합격자의 학생부 평균등급은 3.2등급보다는 조금 올라갈 것이다. 단국대는 얼마 정도인지는 모르겠지만 2.83등급보다는 조금 내려갈 것이다.

지금까지 모집인원의 변화와 지난해 합격자 스펙을 살펴봤다.

A의 학생부 교과성적은 2.8등급이다. 그렇다면 A는 어떤 전략을 취할 수 있을까?

세종대는 16명에서 14명으로 모집인원이 2명 줄었고, 합격자 학생부 평균은 3.2등급이다. A는 2.8등급이니 합격자 평균 교과등급에 비해 0.4등급 정도 여유가 있다. 하지만 변수는 '모집인원이 2명 줄었다'는 데 있다. 갈수록 복잡해지는 느낌이 든다. '그래서 어떻게 하라는 거지?'라고 생각하기 십상이다. 이 시점에서 쉽게 판단할 수 있는 팁을 알려주려 한다.

우선 2016학년도 모집인원에서 2015학년도 모집인원을 빼본다. 14에서 16을 빼면 -2가 나온다. 여기에 0.1을 곱한다. 그러면 -0.2가 된다. 이 -0.2라는 숫자를 2015학년도 합격자 평균 교과등급인 3.2등급에 더해보자. 그러면 3이 나올 것이다. 지난해는 3.2등급까지 평균적으로 합격할 수 있었지만 올해는 3등급 정도는 돼야 안정적인 합격이 가능하겠다고 생각할 수 있다. 올해와 지난해 모집인원을 빼서 나온 숫자에 0.1을 곱한 후 지난해 합격자 평균 스펙에 더하면 '올해는 이 정도 돼야 안정적인 최초 합격이 가능하겠구나!' 하는 예상을 할 수 있게 된다. 실제로는 더 복잡한 분석 틀이 있지만 학부모와 수험생이 이해하기에는 너무 복잡하므로 핵심만 설명하였다.

이 방법을 단국대에도 적용해보자. 단국대 DKU창의인재전형

전자전기공학부 모집인원은 2015학년도 14명 → 2016학년도 25명 이었다. 세종대와 마찬가지로 2016학년도 모집인원에서 2015학년도 모집인원을 빼면 11이라는 숫자가 나온다. 이 숫자에 0.01을 곱하면 0.11이라는 숫자가 나온다. 모집인원 변동 폭이 1자릿수면 0.1을 곱하고, 2자릿수면 0.01을 곱하면 된다. 0.11을 지난해 합격자 평균 스펙인 2.83등급에 더하면 2.94이다. 올해는 3등급 선까지도 합격이 가능하다는 예상을 할 수 있다. 다시 한 번 정리하자. 세종대는 3등급까지는 안정적으로 합격을 기대할 수 있고, 단국대는 역시 3등급까지는 자기소개서 등 각종 서류평가를 통해 합격할 가능성이 있다는 결과가 나왔다.

그렇다면 학생부 교과등급이 2.8등급인 A는 최종적으로 어떤 결과를 예상할 수 있을까? A가 세종대와 단국대와 지원한다면 양쪽 모두 합격할 가능성이 높다는 결론이다. 실제로도 A는 앞에서 세종대와 단국대 해당 학과에 해당 전형으로 모두 합격할 수 있었다.

여기서 끝이 아니다. 엄청난 질문이 쏟아질 차례이다. 첫 번째 질문은 '학생부종합전형인데 학생부 교과성적으로 비교하는 것이 맞는 방법인가?'라고 생각된다. 학생부종합전형은 학생부 교과성적만 보지 않는다. 학생부종합전형은 학생부 교과성적뿐 아니라 지원자의 전공적합성과 발전가능성, 인성 등을 '종합적으로 판단하는 전형'이기

진짜 공신들만 아는 학생부종합전형의 비밀

때문이다.

하지만 우리 대학의 현실이 그렇지 않다. 학생부종합전형을 담당하는 입학사정관 숫자는 많아봐야 수십 명 정도이다. 이들이 몇만 명이나 되는 학생부종합전형 지원자 모두를 평가하는 데에는 무리가 있다. 현직 입학사정관들을 만나면 수시모집 전형기간에는 화장실 갈 시간도 없다고 한다. 하루에 100장 정도의 자기소개서 1장을 읽는 데 5분 정도만 잡아도 하루 500분, 곧 8~9시간 정도가 필요하다. 그 짧은 시간에 모든 지원자의 잠재력을 평가하는 것은 무리이다.

따라서 1단계 서류평가에서 학생부 교과성적이 차지하는 비중은 높을 수밖에 없다. 40~50퍼센트 이상이라고 생각하면 되겠다. 학생부 교과성적이 상대적으로 낮아도 자기소개서로 역전하는 수험생이 적지 않다. 하지만 이런 특수성이 있기 때문에 학생부 교과등급으로 비교하는 방법을 사용하는 것이다. 주변을 둘러보면, 학생부종합전형으로 합격한 친구들의 상당수는 대학들이 서로 짠 것마냥 3등급 이내 수험생들이 다수이다.

두 번째 질문은 '지난해 합격자 스펙과 모집인원의 변화는 어디서 어떻게 확인해야 하는 것일까?'라는 궁금증이리라 생각된다. 지난해 합격자 스펙은 각 대학의 홈페이지를 참고하면 된다. 중위권 이하 대학들은 입학 홈페이지를 통해 공개하는 경우가 많지만 그 이상의 대학들은 극히 일부 대학을 제외하곤 공개하지 않는다. 공개한다 해도 학생부종합전형은 예외인 경우가 많다. 학생부종합전형은 학생부 교과성적 외에도 자기소개서와 추천서 등 평가방법이 다양하기 때문에 오해의 소지가 있어 공개하지 않는다는 이유에서이다.

그래도 분석할 방법은 있다. 원하는 대학 입학처에 전화를 걸거나 홈페이지에 있는 질문게시판을 통해 문의하면 어느 정도 정보를 얻을 수 있다. 열혈 학부모들은 해당 대학 입학처로 직접 찾아가 담판을 짓는 경우마저 있다.

모집인원은 입시요강을 비교하면 된다. 마찬가지로 대학 홈페이지에 들어가면 지난해 입시요강을 찾아볼 수 있다. 지난해 입시요강과 올해 입시요강을 비교해 모집인원의 변화를 찾아내면 되는 것이다. 만약 번거롭다고 생각하면 '아이플러스 행복한 11월의 목소리 카페'에서 대학별 입시요강을 참고하길 권한다.

진짜로 끝이긴 한데, 사실 여기서 하나가 더 있다. 뭔가 허전한 느낌이 들어야 한다. '읽어보니 좋아서 하라는 대로 하고 싶은데, 어떻게 하면 될까?'라는 생각을 해야 한다.

만약 이런 허전함을 느낀 독자들이 있다면 아래의 서식을 이용해보자. 앞에서 말한 모집인원과 합격자 스펙 등 지원정보를 1장에 담아 통합적으로 활용하는 방법이다. 나는 이 서식을 '지원상황표'라고 부른다. 학생부종합전형뿐 아니라 학생부 교과, 논술전형, 특기자, 실기, 정시모집 등에서도 똑소리 나게 쓸 수 있을뿐더러 판단을 내리는 데에도 많은 도움이 될 것이다. 필히 참고하자.

▶지원상황표

대학명	전형명	학과명	모집인원 변화		합격자 스펙 변화		특징	가능성 판단
			2016 학년도	2017 학년도	2016 학년도	2017 학년도		
○○대								
○○대								
○○대								

지원상황표를 활용하는 방법은 다음과 같다.

- 대학명과 전형명, 학과명을 적는다
- 모집인원의 변화를 적는다(앞에서 설명한 내용을 참고할 것)
- 합격자 스펙의 변화를 적는다(앞에서 설명한 내용을 참고할 것)
- 특징과 가능성 판단에 대한 내용을 적는다

'특징'은 말 그대로 특징을 적으면 된다. 예컨대 단국대 DKU창의인재전형 전자전기공학부를 지원할 계획이라서 모집인원의 변화를 살펴봤다. 2015학년도 14명 → 2016학년도 25명이었고, 2015학년도 합격자 평균 학생부 교과등급은 2.83등급이었다. 이 내용을 토대로 어떤 변화가 있을지 적으면 된다. '단국대는 모집인원이 11명이나 늘었기 때문에 올해 합격자 스펙은 지난해 2.83등급보다는 낮아진다고 예상'과 같은 식으로 적으면 된다.

'가능성 판단'은 말 그대로 자신의 합격 가능성이 얼마나 되는지를 판단하는 것이다. 앞서 '단국대는 모집인원이 11명이나 늘었기 때문에 올해 합격자 스펙은 지난해 2.83등급보다는 낮아질 것이라고 예상한다'고 말하였다. 가능성 판단에는 '나는 학생부 교과등급 2.9등급인데 지난해 합격자 스펙과 큰 차이가 없고 모집인원도 늘었으니 단국대에 지원하면 합격 가능성 100퍼센트'와 같은 식으로 분석결과를 적으면 끝이다. 아주 쉽다.

그렇다면 이런 식으로 분석할 대학은 몇 개 정도면 적당할까? 수시모집 지원기회는 6번이다. 그렇지만 이왕이면 12개 이내로 추려서 분석하기를 권한다. 상향지원 4개, 소신지원 4개, 안정지원 4개 정도로 지원대학을 추려서 지원상황표에 담자. 그런 다음 상황에 맞게 상향·소신·안정지원 개수를 조정하면 된다. 수시에서 반드시 합격해야 한다면 소신 2개, 안정지원 4개를 선택하면 되는 것이고, 골고루 지원하고 싶다면 상향 2개, 소신 2개, 안정지원 2개를 선택하는 방식으로 말이다.

3

외래어 같은 대학별 입시요강
어떻게 해야 할까?

학부모들을 만나면 10명이면 10명 모두 대학별 입시요강이 너무 어렵다고 하소연한다. '첫 장부터 마지막 장까지 꼼꼼히 줄까지 쳐가면서 정성스레 읽어보려고 하지만 도통 진도가 안 빠진다'는 말이 자주 들린다.

나 역시 공감한다. 입시전문가인 나조차 대학별 입시요강을 펼치면 한숨부터 나온다. 학부모와 수험생이 아닌 대학의 입장에서 대학의 용어로 써놨기 때문이다. 외래어 같은 입시요강 안 보자니 찜찜하고 보자니 짜증이 밀려온다. 이런 분들을 위해 다음과 같은 방법을 제시한다.

1. 틀린 그림 찾기

입시요강을 쉽게 읽기 위한 방법은 틀린 그림 찾기와 같다. 입시요강을 읽다 보면 올해는 지난해와 비교해 어떤 점에서 어떤 차이가 있는지를 친절하게 정리해서 올려놓는 대학들이 있다. 다음은 2016학년도 경기대 수시모집 전형요강이다. '2015학년도 VS 2016학년도 주요변경 사항'이라는 제목이 달려 있다. 숨은 그림 찾기와 닮은 느낌이 비슷하다. 어떤 변화가 생겼는지 구체적으로 들여다보자.

내용	2015학년도		2016학년도	
수시	- 학업우수자 · 학생부(교과) 100% (수능최저학력기준 적용)	학생부(교과)	- 교과성적우수자(명칭변경) · 학생부(교과) 100% (수능최저학력기준 적용)	학생부(교과)
	- 논술우수자[학생부(교과)] · 학생부(교과) 60% + 논술고사 40% (수능최저학력기준 미적용)	학생부(교과)	- 논술고사우수자(논술위주) · 논술고사 50% + 학생부 50% (수능최저학력기준 미적용)	논술위주
	- KGU종합인재	학생부(종합)	- KGU학생부종합(명칭변경)	학생부(종합)
	- 사회배려대상자 · 다문화가정 · 군인, 경찰, 소방, 교정공무원의 자녀		- 사회배려대상자 · 다문화가정의 자녀 · 군인, 경찰, 소방, 교정공무원의 자녀 · 의사상자 및 자녀(추가)	
	- 국가독립유공자		- 고른기회대상자전형으로 종합 선발 · 국가보훈대상자(명칭변경)	
	- 농어촌학생[정원외]		· 농어촌학생(서해5도 포함)[정원내]	
	- 기회균형선발[정원외]		· 기회균형선발[정원내]	
	- 미선발		- 단원고특별전형[정원외] (신설)	
	- 어학특기자	실기위주	- 어학특기자 폐지	-
	- 예능우수자		- 좌동	실기위주
	- 체육특기자		- 좌동	
	- 재외국민과 외국인[정원외]	재외국민과 외국인	- 좌동	재외국민과 외국인

• 학업우수자 → 교과성적우수자: 명칭 변경

- 논술우수자 → 논술고사우수자: 명칭 변경

- 논술 40퍼센트＋학생부 교과 60퍼센트 → 논술 50퍼센트＋학생부 교

  과 50퍼센트: 전형방식 변경

- KGU종합인재전형 → KGU학생부종합: 명칭 변경

주요변경 사항이라는 표 하나만으로 얻을 수 있는 정보가 이렇게 많다. 하지만 아쉽게도 이런 친절을 베푸는 대학이 많지는 않다. 이런 식으로 친절을 베풀지 않는 대학의 입시요강은 어떻게 해야 할까? 번거롭지만 지난해와 올해 입시요강을 비교해봐야 한다. 그다지 어렵지는 않다. 지원할 전형만 비교하면 된다.

예컨대 A대학의 학생부우수자전형을 지원할 계획이다. 지난해는 학생부와 자기소개서 등 서류평가로 모집인원의 5배수를 뽑은 후 1단계 성적 70퍼센트와 면접고사 성적 30퍼센트를 반영해 최종합격자를 뽑았다. 올해는 학생부와 자기소개서 등 서류평가로 3배수를 뽑은 후 1단계 성적 60퍼센트와 면접고사 성적 40퍼센트를 반영해 최종합격자를 뽑는다. 이런 식으로 지난해와 올해의 변화를 살피면 된다. 전형방법에 변화가 없다면 경쟁률과 합격자 스펙도 큰 변화가 없다고 생각하면 된다. 하지만 앞에서 예를 든 것처럼 전형방법에 변화가 있다면 경쟁률과 합격자 스펙에도 영향을 미칠 수밖에 없다.

2. 봐야 할 것만 보기

　대학별 입시요강을 쉽고 편하게 보는 두 번째 방법은 '봐야 할 것만 보기'이다. 핵심만 보자는 뜻이다. 입시요강에서 봐야 할 것은 다음의 4가지가 전부이다.

- 모집인원
- 전형별 모집방법
- 학생부 반영방법
- 수능 최저학력기준

　가고 싶은 학과에서 어떤 전형으로 얼마나 뽑는지를 파악한 후 어떻게 뽑는지를 살펴보고, 학생부는 어떤 식으로 반영을 하는지 그리고 수능 최저학력기준은 있는지 여부만 살피면 끝이다.

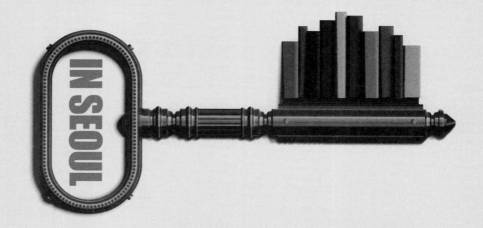

Part 3.

인서울 대학
자기소개서 쓰기의 비밀

1

자기소개서의 비밀 A to Z

학생부종합전형에 지원한다면 ○○○○○를 써야 한다.

○○○○○는 누구나 알다시피 '자기소개서'다. 자기소개서는 너무나도 당연히 중요하다! 이 책을 읽고 있는 독자들 역시 자기소개서가 중요하다는 사실을 잘 안다. 하지만 정작 '학생부종합전형에서 자기소개서가 차지하는 비중이 몇 퍼센트입니까?'라고 질문하면 제대로 대답하는 학부모와 수험생은 드물다. 각 대학이 구체적인 기준을 공개하지 않는 탓이다.

일반적으로 '학생부 40퍼센트 + 자기소개서 40퍼센트 + 기타(추천서 등) 20퍼센트' 비율이라고 생각하면 된다. 또 이 비율이어야만 자기소개서 덕분에 역전하는 사례에 대한 설명이 가능해진다.

일전에 서울 신촌에 있는 모 대학의 입학사정관을 만났을 때였다. 이런저런 이야기를 하다가 학생부종합전형 이야기가 나왔다. '가장 인상 깊었던 합격자는 누구였습니까?'라고 묻자 '경기도 가평에 있는 모 종합고등학교 출신의 내신 5.5등급 수험생'을 이야기했다. 성적은 안 좋았지만 자기소개서를 읽다 보니 어떤 친구인지 무척이나 궁금해지더란다. 그래서 면접에 올렸다고 했다. 막상 면접을 해보니 교수들도 이 친구의 발전 가능성과 인성, 전공 적합성을 높이 평가했다고 한다. 어떻게 이런 일이 가능했을까? 바로 자기소개서 때문이었다.

일반적으로 학생부 성적이 40퍼센트 들어간다. 문제는 기본점수가 있다는 것이다. 예컨대 학생부 내신은 '1등급: 40점, 2등급: 38점 … 9등급: 20점'과 같은 식이다. 하지만 자기소개서는 0~40점으로 점수 폭이 넓다. 내신 5.5등급의 이 친구도 자기소개서 영역에서 아주 좋은 점수를 받아 학생부 성적의 불리함을 상쇄하고 면접까지 올라갔다. 학생부종합전형 1단계는 '학생부 성적+자기소개서+추천서' 등을 종합적으로 평가하기 때문에, 학생부 성적이 다소 낮아도 자기소개서와 추천서 성적이 좋으면 1단계 총점을 충분히 뒤집을 수 있다.

다소 극단적인 사례일 수 있지만 '그만큼 자기소개서가 차지하는 비중이 높다'는 뜻으로 이해하면 되겠다. 그럼 이제 대입 자기소개서 작성을 위한 방법을 살펴보도록 하자.

자소서를
두괄식으로 써야 하는 이유는?

    자기소개서 쓰기에 관심이 있는 학부모와 학생치고 두괄식 쓰기를 모르는 경우는 없다. 어느 누구나 공통적으로 강조하는 것이 '자기소개서는 두괄식으로 써야 한다'는 것이기 때문이다.

    그럼 두괄식 쓰기란 무엇일까? 바로 핵심문장이 앞에 위치하는 글쓰기 방식을 의미한다. 수험생이 가장 강조하고 싶고 말하고 싶은 내용을 앞 문장에 배치하는 방식이 두괄식 글쓰기다. 두괄식으로 쓰면 자기소개서를 읽는 상대방의 눈이 편안해지고 글쓰기가 산으로 가지 않는다는 장점이 있다. 두괄식은 핵심문장이 가장 앞에 위치하므로 핵심문장에 이어지는 문장은 당연히 레고 블록 쌓듯이 핵심문장을 부연 설명하는 방식으로 서술하게 된다.

자기소개서는 '나를 위한 글쓰기'가 아니라 '남을 위한 글쓰기'이다. 자기소개서는 그 목적부터 대학의 입학사정관, 교수 등 입학관계자들에게 '나는 발전가능성과 전공적합성, 그리고 인성까지 검증된 명품인재이니 나를 뽑아주세요'라고 말하는 광고성 글쓰기이다. 그렇다면 상대방을 배려하는 글쓰기가 되어야 한다.

입학사정관들은 하루에도 수십 장에 달하는 자기소개서를 읽어야 한다. 입학사정관들도 사람인지라 읽기 쉽고 편하면서 재밌는 자기소개서를 더 좋아한다. 당연히 그런 자기소개서는 더 꼼꼼히 읽게 되고 상대적으로 후한 평가를 주게 된다.

일전에 모 대학 입학사정관과 대화를 하다 가장 인상 깊었던 자기소개서에 대한 이야기가 나왔다. '가장 기억에 남는 자기소개서는 무엇이었나?'라는 물음에 이 입학사정관은 '나는 인간쓰레기였다'라고 시작되는 자기소개서가 가장 기억에 남는다고 대답했다.

여느 때와 같이 산처럼 쌓여 있는 자기소개서를 기계적으로 읽고 있던 중에 갑자기 '나는 인간쓰레기였다'라는 상상 이상의 문장이 나오니 정신이 확 깨더란다. 내가 입학사정관이라고 생각을 해보자. 뻔한 내용으로 가득한 자기소개서에 남과 다른 임팩트가 강한 문장이 있다면? 아마 궁금해하면서 관심 있게 읽어보지 않을까? 그 입학사정관도 마찬가지였다.

결론부터 이야기하면 그 인간쓰레기 친구는 최종합격의 기쁨을 누리게 되었다. 처음에는 그저 재밌는 학생이라고 생각했는데, 읽다 보니 결론은 인간쓰레기가 아니었단다. 한때는 그런 삶을 살았지만 부모님의 헌신으로 정신을 차렸고, 뒤늦게 공부에 재미를 느껴 학업 성적도 많이 올랐다. 도대체 어떤 친구인지 얼굴이라도 보고 싶어 면접에 올렸던 것이다. 즉 이 학생은 자신을 '인간쓰레기였다'라는 과거형으로 표현하면서 '과거에는 그랬지만 지금은 극복했다. 오히려 그런 과정을 통해 나는 1단계 더 성숙했다'라는 메시지를 담았던 것이 합격의 비법인 셈이다.

　　'나는 인간쓰레기였다'라는 문장도 두괄식 문장이다. 두괄식 문장의 공통점은 절대 길지가 않아야 한다. 두괄식 문장은 40자 이내여야 가장 효과적이라는 사실을 기억하자.

3

영혼 없는 나열식 자소서,
불합격으로 돌아오는 이유는?

학생들이 쓴 자기소개서를 첨삭하다 보면 공통적으로 범하는 실수가 1가지 있다. 바로 백화점식 나열이다. 나열이란 문장의 재료를 시간적·공간적 순서를 밟지 않고 항목별·단위별로 나열해 서술하는 문장 구성방식이다. 다음의 사례를 읽어보면 쉽게 이해될 것이다.

저는 입학 후 ○○학과의 전통 있는 동아리인 ○○○에 가입하여 이론으로 얻은 지식을 살려 봉사활동에 적용하며 진정한 봉사정신을 발휘할 것입니다. 또한 ○○봉사단에 가입하여 해외봉사를 갈 것입니다. 어릴 적부터 해외의 불우한 아이들을 위한 봉사를 가는 것이 언젠가 꼭 해야 할 일이자 해보고 싶은 일이었기 때문입니다.

이 글처럼 '나는 동아리 A에 가입해서 무엇을 하고 또한 봉사단 B에 가입해서 무엇을 할 것이다'라고 표현되는 글쓰기 방식이 바로 나열식이다. 자기소개서에서 나열식 글쓰기가 문제인 이유는 바로 영혼이 없기 때문이다.

앞서 '자소서를 두괄식으로 써야 하는 이유는?'에서 자기소개서는 나를 위한 글쓰기가 아니라 대학교 입학관계자들을 위한 글쓰기라고 강조했다. 입학관계자들은 자기소개서에서 무엇을 알고 싶을까? '내가 A라는 활동도 하고 B라는 활동도 하고 C라는 활동도 하고 D라는 활동도 했어요!'라는 실적을 알고 싶을까? 아니다. 이런 실적은 굳이 자기소개서에 쓰지 않아도 학교생활기록부를 보면 알 수 있다.

그렇다면 진정 원하는 것은 뭘까? 바로 그 활동의 계기와 준비과정, 그 활동을 하면서 어떤 성취를 얻었는지, 그리고 그 활동이 어떤 학업적 깨달음을 주었는지 등을 통해 전공적합성과 발전가능성, 수학능력을 보겠다는 것이다. 자기소개서 내용이 구체적일수록 더 좋은 평가를 받게 되는 이유이다. 하지만 정작 수험생들은 자신이 한 활동과 수상실적만 나열한다. 첨삭할 때마다 답답한 마음을 억누를 길이 없다. 앞에서 영혼이 없다고 표현한 것도 이런 맥락이다.

그렇다면 나열식을 예방하는 방법은 무엇일까? 다시 위 사례로 돌아가 보자. 이 사례에 대해 구체적으로 1학년 때는 무엇, 2학년 때는 무엇, 3학년 때는 무엇, 4학년 때는 무엇을 하겠다는 플랜을 제시해달라고 요청했다. '이것 하고 저것 하겠다'라고 썼다면 나열에 불과하지만, '이것을 하고 싶은데 그 이유는 무엇이고 구체적으로 무엇을 어떻게 하겠다'라는 내용을 담으면 나열이 아니다. 나열식 글쓰기의 예방법은 '구체적인 내용'이라는 양념을 뿌려주면 그것으로 충분하다.

다시 한 번 강조하지만 나열식 글쓰기는 그냥 공허한 메아리에 불과하다. 문장에서 힘이 느껴지지도 않는다. 구체적이지 못하기 때문이다.

자기소개서에 나를
평가하지 말아야 하는 이유는?

　'자기소개서에 나를 평가하기 말기'란 말이 선뜻 이해되지 않을 수 있다. 다음의 사례를 천천히 읽어보도록 하자.

　이러한 과정을 통해 저는 현재 수준 높은 영자 신문의 기사도 막힘없이 읽을 수 있게 되었고, 어떠한 주제에도 저의 의견을 영어로 말할 수 있게 되었습니다.

　읽어보니 어떤 느낌인가? 제3자의 입장에서 보면 상당히 주관적 이라 느껴지는 표현이 꽤나 거슬릴 것이다.

문제시되는 부분 중 하나는 '현재 수준 높은 영자 신문의 기사'라는 표현이다. 자기 자신의 영어 실력이 남다르다는 것을 강조하기 위해 이런 단어를 쓴 것인데, '수준이 높다'라는 것은 사람에 따라 생각이 다를 수 있으며 측정하기도 아주 애매모호한 부분이다. 따라서 이런 주관적인 표현은 좋은 인상을 주기 어렵다. 차라리《뉴욕타임스》《워싱턴포스트》같은 식으로 구체적인 매체명을 넣는 편이 좋았을 듯싶다. 굳이 '수준 높은 영자 신문'이라는 표현을 사용하지 않아도 '이 친구는 상당한 영어 실력이 있구나' 하는 것을 거부감 없이 전할 수 있었을 것이다.

　　또한 '어떠한 주제에도 저의 의견을 영어로 말할 수 있게 되었습니다'라는 표현도 주관적이다. 게다가 자화자찬이 심하다는 느낌을 받게 된다. '어떠한 주제에도 저의 의견을 영어로 말할 수 있다는 자신감이 있습니다'라는 표현으로 바꾸었다면 자화자찬이 아니라 강한 자신감이 느껴졌을 것이다.

　　위의 사례에서 보듯이, 내가 나를 평가하는 행위는 아주 주관적인 표현이라고 할 수 있다. 이런 표현이 문제가 되는 이유는 자기소개서를 읽어보는 입학관계자들이 가장 싫어하는 표현이기 때문이다. 자기소개서는 입학사정관, 대학교수, 입학처 관계자 들을 위한 글쓰기이다. 그럼 자기소개서에 대한 평가는 누가 하는 걸까? 당연히 입학관계자들이다. 따라서 내가 나를 평가하는 것은 입학관계자들의 영역을 침범한 것과 같다. 내가 나를 평가하지 않으려면 어떻게 해야 할까? 또 하나의 사례를 보자.

> 나는 동아리장으로 활동을 했는데 이런저런 활동을 했고, 그 결과 유명무실했던 우리 동아리가 우리 학교 최고의 동아리가 되었다.

내가 입학관계자라면 이 글을 읽고 어떤 느낌이 들까? 먼저 신뢰가 가지 않는다. '소설을 쓰고 있구나' 하는 생각까지 들 정도이다. 하지만 이 글을 쓴 수험생은 억울하다. 사실이기 때문이다. 하지만 왜 이런 평가를 받는 걸까? 상대방에게 신뢰를 주지 못하기 때문인데, 이유는 근거가 없기 때문이다. 앞의 사례를 다듬어봤다.

> 나는 동아리장으로 활동을 했는데 이런저런 활동을 해서 교내 동아리경진대회에서 우수상을 몇 번 받았고, 그 결과 우리 동아리가 많이 알려져 동아리 회원 수는 0명에서 00명으로 늘었다. 연말에는 선생님들이 평가한 우리학교 10대 동아리에도 선정됐다. 내가 동아리장을 맡았을 때는 해체를 고민해야 할 정도로 활동이 미약했지만, 1년 동안 우리 학교 최고의 동아리를 만들겠다는 목표하에 동아리원들이 다 함께 노력한 결과이다.

전달하고자 하는 내용은 처음과 같다. 앞의 표현은 자화자찬식 표현만 가득했기 때문에 절대 좋은 평가를 받지 못한다. 하지만 뒤의 글은 문장에 화려한 미사어구도 없고 약간 건조한 느낌까지 들지만 '이 친구는 진짜 이런 활동을 했구나. 정말 믿음이 가는데'라는 느낌도 함께 준다. 상대방이 납득할 수 있는 객관적인 근거를 구체적으로 제시했으며, '내가 ○○○해서 ○○○한 결과를 얻었다'라는 자화자찬식 표현이 없기 때문이다.

스토리텔링으로
눈길을 잡아야 하는 이유는?

스토리텔링은 사례를 가지고 풀어나가는 글쓰기 작법이다. 자기소개서를 쓸 때 항상 빠지지 않고 강조되는 내용이다. 스토리텔링이라고 해서 뭔가 거창한 것을 기대했다면 이렇게 말하고 싶다.

"스토리텔링, 알고 보면 별거 아닙니다."

말 그대로 상대방에게 이야기하듯 1~2가지 사례를 써 내려가는 글쓰기 방법일 뿐이다. 이해를 돕기 위해 예시를 들어보겠다.

연극부는 주로 하나의 주제를 가지고 3~4팀이 즉흥극을 만들어 발표하고 비교함으로써 연극 제작과정을 빠르게 경험하는 활동을 했습니다. 그러던 어느 동아리 활동 날 담당 선생님께서 연극배우를 초빙해오셨습니다. 사실 그 배우분의 수업이 있기 전까지, 연출, 시나리오 작가, 분장, 소품 담당 각 1명과 연기자 3~4명으로 구성된 팀원들은 주어진 시간 동안 자신이 맡은 역할에만 몰두하는 경향이 있었습니다. 저 역시 '나만 잘하면 된다'라는 생각에 담당 분야였던 연출에만 신경 쓴 채 연기나 소품 등에는 크게 관여하지 않았습니다.

그러나 그 배우는 '자신이 맡은 작업만을 잘해내는 것으로는 절대 좋은 연극을 만들 수 없다'고 강조하면서 각자 맡았던 역할에 상관없이 팀원이 모든 부분에 참여하는 연극을 진행하셨습니다. 한번도 해보지 않았던 작업이라 처음에는 당황했지만, 연출 이외의 분야를 경험한다는 사실에 설레기도 했습니다. 그날의 주제는 동화 〈신데렐라〉의 각색이었는데, 모든 팀원들이 함께 의견을 나누며 '21세기 신데렐라'라는 소주제를 잡고 함께 시나리오를 구상해나갔습니다.

작가 혼자 해왔던 스토리 구성에 전원 참여로 아이디어도 훨씬 풍부해지고, 극의 내용이 구상될 때까지 할 일 없이 기다렸던 팀원들도 더 많은 시간과 능력을 연극에 투자할 수 있었으며, 모든 구성원의 의견이 반영되었기 때문에 극본에 대한 불만도 적어져 보다 적극적인 참여 효과가 실현되었습니다. 특히 연기를 해본 적이 없었던 저는 '신데렐라 언니'라는 작은 역할이었지만 처음 연기를 해봄으로써 연기자들의 힘든 점을 이해할 수 있게 되었습니다. 단 한 번의 수업을 통해 연극을 좀 더 거시적인 관점에서 바라볼 수 있게 되었고, 연극이나 영화에 대한 흥미도 전보다 높아져 대학 진학 후에도 공연에 관해 더 깊게 공부하고 싶은 생각이 들었습니다.

위의 사례처럼 글을 풀어나가는 방식이 스토리텔링이다. 스토리텔링으로 자기소개서를 쓰기 위해서는 글감을 A → B → C의 방식으로 정리하면 된다. A는 명칭(이름, 상장명, 활동명), B는 결과, C는 이유를 쓰면 된다. 예컨대 수학경시대회에서 상 받은 이야기를 '수학경시대회(A) → 동상(B) → 수학으로 처음 받아본 상이라 나에게 의미가 있다(C)'라는 식으로 정리했다고 하자. 이렇게 정리한 글감에 살만 붙여주면 스토리텔링은 아주 쉽게 완성이 된다. '수학경시대회(A) → 동상(B) → 수학에서 처음 받아본 상(C)'이라는 글감을 가지고 스토리텔링 글을 만들어보자.

나는 고등학교 2학년 때 도전했던 수학경시대회가 가장 기억에 남는다. (A)
동상을 받았기 때문이다. (B)

남들은 고작 동상을 받았을 뿐인데 유별나다고 생각하겠지만 나에게는 그만한 이유가 있다. 학교를 다닌 이후로 처음 받아본 상이기 때문이다. 물론 개근상이나 정근상처럼 조건만 채우면 받는 상은 받았다. 하지만 내가 어떤 대회를 통해 상을 받기는 처음이었다. 그것도 내가 가장 싫어하는 수학과목에서 받았기 때문에 무엇과도 바꿀 수 없다. (C)

A(현상) → B(결과) → C(이유)순으로 정리해놓은 뼈대에 그저 살만 붙였을 뿐인데 스토리텔링 글이 간단하게 완성되었다. 살을 붙이기 전의 글자 수는 36자에 불과했지만, 살을 붙이니 6배가 넘는 249자가 나왔다. 글감을 'A(현상) → B(결과) → C(이유)'로 정리했고, 이 순서대로 살만 붙였을 뿐이다. 정리하면 스토리텔링 글쓰기는 'A → B → C' 즉 '현상 → 결과 → 이유'순으로 살을 붙여가는 방법이라 할 수 있다.

똑똑한 독자들은 여기서 궁금증이 하나 생길 것이다. 'A → B → C'를 꼭 '현상 → 결과 → 이유'순으로 정리해야 하냐는 의문이다. 물론 아니다. 이 방법은 초보자들을 위한 보급형이라 생각하면 된다. 물론 다양한 변형이 가능하다. 예컨대 A → B → C를 '현상 → 이유 → 결과'로 바꿔도 된다는 말이다. 스토리텔링은 생각보다 정말 쉽다. 그러니 겁내지 말자.

대학별 자율문항이
여자친구와 같은 이유는?

다음 질문에 대답을 해보자.

대입 자기소개서는 대학교육협의회가 지정한 공통양식을 쓴
다. 그러므로 자기소개서를 1번만 쓰면 모든 대학에서 활용할
수 있다? 없다?

정답은 무엇일까? '그럴 수도 있고 아닐 수도 있다'가 정답이다.
절반은 맞고 절반은 틀리다는 의미이다.

대입 자기소개서는 대학교육협의가 지정한 공통양식을 사용하지만, 자기소개서 4개 문항 중 공통문항은 3개이다. 나머지 1문항은 대학 자율문항이다. 대학에서 자율적으로 출제하는 자기소개서 문항이다. 지난해 서울 지역 주요 대학별 자율문항은 다음과 같다.

가. 서울대

고등학교 재학기간 또는 최근 3년간 읽었던 책 중 자신에게 가장 큰 영향을 준 책을 3권 이내로 선정하고 그 이유를 기술하여주십시오

▶ '선정 이유'는 각 도서별로 띄어쓰기를 포함하여 500자 이내로 작성

▶ '선정 이유'는 단순한 내용 요약이나 감상이 아니라, 읽게 된 계기, 책에 대한 평가, 자신에게 준 영향을 중심으로 기술

나. 연세대

고교 재학 중 진로 선택을 위해 노력한 과정 또는 개인적 어려움이나 좌절을 극복한 과정을 사례를 들어 기술하시오

다. 서강대

4. 아래의 주제를 선택하여 자유롭게 기술하시오(복수 선택 가능, 총 1,000자 이내)

▶ 지원자의 환경(가정, 학교, 지역, 국가 등)적 특성이 지원자의 삶에 미친 영향

√ 최근 3년간 지원자의 개인적 관심 또는 역량계발에 대한 경험적 사례

▶ 기타(자유롭게 주제를 정하여 기술)

라. 경희대

4. 지원자의 1) 교육환경(가족, 학교, 지역 등)이 성장과정에 미친 영향
2) 지원학과에 지원한 동기 3) 입학 후 학업(진로)계획에 대해 기술하시오
(1,000자 이내)

마. 한국외대

4) 지원동기와 학업계획을 중심으로 자신의 향후 진로에 대해 기술해주
시기 바랍니다

서울대·연세대·서강대와 경희대·한국외대의 자율문항을 비교
해보면 분명한 차이점이 하나 보인다. 서울대·연세대·서강대는 지원
동기를 묻지 않는다. 하지만 경희대·한국외대는 지원동기를 묻고 있
다. 여기에 아주 중요한 의미가 있다.

예컨대 서울대·연세대·서강대를 지원하기 위해 자기소개서를
쓴다고 하자. '이들 대학의 4번 문항을 어떻게 쓸 것인가?'라는 물음
에 10명 중 9명은 '문항이 요구하는 조건대로 내용을 채울 것이다!'라
고 답한다. 하지만 그러면 곤란한 상황이 벌어진다.

자기소개서와 여자친구는 공통점이 1가지 있다. '질문의 속내를 모르고 겉만 보고 대답할 경우, 예상외의 결과가 나타나 난처해질 수 있다'는 공통점이다. 어떤 광고에서 여자친구가 남자친구에게 갑자기 '나 살찐 것 같지?'라고 묻는 장면이 나왔다. 그 질문을 듣는 남자친구의 표정이 아주 복잡해졌다. '응, 너 살쪘어'라고 말하면 '기분 나쁘다'라는 대답이 돌아올 것이고, '아니'라고 하면 '자신에게 관심이 없다'라는 대답이 돌아올 수 있으니 곤혹스러워질 터였다.

자기소개서 자율문항도 마찬가지이다. 자기소개서 1번부터 3번까지의 공통문항을 살펴보면 지원동기를 묻는 항목은 없다. 문제는 여기에 있다. 적지 않은 수험생들이 자기소개서 질문을 있는 그대로 이해하고 받아들이는 경향이 있다.

서울대·연세대·서강대의 경우처럼 지원동기를 묻지 않는 대학의 자기소개서를 쓴다면 지원자 대다수는 지원동기를 담지 않을 것이다. 대학이 지원동기를 쓰라고 요구하지 않았으니까 말이다. 그래서 '자율문항은 여자친구와 같다'라고 표현한 것이다. 겉으로는 '지원동기를 묻지 않지만 실제로는 지원동기는 자기소개서의 기본 중의 기본이기 때문에 굳이 말하지 않아도 알고 있겠지'라는 의미를 내포하고 있다.

서울대의 사례를 들어보자. 서울대를 지원한 수험생 중 지원동기를 자기소개서에 담지 않은 경우는 결과가 좋지 못했다. 많은 숫자가 탈락의 고배를 마셨다. 자기소개서에 지원동기를 직접 묻지 않더라도, 자기소개서에 지원동기를 담는 것이 기본 중의 기본이기 때문이다. 따라서 대학별 자율문항이 지원동기를 묻지 않아도 어떤 방식으로든 지원동기를 담아내야 한다.

맞춤법에도
신경 써야 하는 이유는?

이번에는 맞춤법 이야기다. 주로 오·탈자 찾기와 띄어쓰기라고 보면 된다. 누군가는 '자기소개서에서 맞춤법 평가는 안 한다고 하던데요?'라고 말하지만, 이 질문의 대답은 '대학마다 다르다'고 할 수 있다. 홍익대 등 일부 대학은 맞춤법도 평가 대상이라고 명시해놓고 있다. 하지만 기본적으로는 맞춤법을 반영하지 않는다고 방침이라 할지라도, 맞춤법이 엉망인 자기소개서를 어느 누가 높이 평가할까?

소개팅이 잡혔다고 하자. 어떻게 할까? 당연히 옷도 신경 쓰고, 헤어스타일도 다듬고, BB크림도 바르고, 향수도 뿌리고 갈 것이다. 트레이닝복에 슬리퍼를 끌고 가는 사람은 없다. 자기소개서도 소개팅과 같다. 나를 소개하는 상대방이 입학관계자들이라는 점이 다를 뿐이다. 자기소개서를 소개팅에 비교하자면 첫인상을 좌우하는 외모라고 할 수 있다. 맞춤법은 외모의 결점을 보완하는 BB크림이다.

맞춤법에서 문제가 되는 것 중 하나는 띄어쓰기다. 예컨대 '저도 대학에서가서'라는 문장이 있다고 하자. '저도 대학에 가서'가 정확한 표현이고 정확한 띄어쓰기이다.

띄어쓰기가 하나도 안 되어 있는 것도 큰 문제고, 오자도 만만치 않은 문제이다. 몇 번을 반복해 읽어봐도 쓴 사람의 눈에는 보이지 않는 녀석들이 항상 있다. 예컨대 '제데로(제대로)' '난는(나는)' 등에서 보듯 별거 아닌 오자를 잡지 못해 눈살을 찌푸리는 경우가 적지 않다. 요즘은 한글 파괴가 일상화되다 보니 자기소개서에 써서는 안 될 잘못된 표현을 쓰기도 한다. 예컨대 '친구들과 김천(김밥○○ 분식점)에 밥을 먹으러 갔을 때의 일이다' '친구 반응 대박 헐이었어요' '제 발표는 안습 그 자체였어요' 등등 비속어를 그대로 사용하는 사례도 적지 않다.

입학관계자의 입장에서 이런 표현이 있는 자기소개서를 읽어본다면 어떨까? '띄어쓰기도 엉망이고 오·탈자와 비속어도 왜 이리 많아? 성의 있게 쓴 자기소개서가 아닌데? 우리 학교에 대학 간절함이 느껴지지 않는데?'라는 반응이 나오지 않을까?

그럼 어떻게 해야 될까? 방법은 간단하다. 자기소개서는 워드

프로그램으로 작성을 한다. 워드프로그램에는 맞춤법을 교정해주는 기능이 있다. 이 프로그램만 돌려도 어지간한 띄어쓰기와 오·탈자 등은 잡아낼 수 있다. 부족하다 싶으면 국립국어원 홈페이지에서 제공하는 '맞춤법 검사기'를 참고하자. 검사하고자 하는 문장을 넣으면 문제가 되는 표현과 띄어쓰기 맞춤법 등을 이유까지 친절하게 안내해준다.

IN SEOUL

[특별편]

입시칼럼으로 본
수시모집의 비밀

이번에는 한 언론매체에 연재했던 대입칼럼을 소개하려 한다. 서울대부터 서울 지역 여대까지 총 30개 대학의 수시모집 전형요강을 분석했다. 인터넷 포털사이트에서 검색하여 읽을 수도 있다. '지난해 칼럼을 읽으면 도움이 될까?'라는 의문이 들 수 있다. 해가 바뀌었으니 말이다. 하지만 강산이 변해도 바뀌지 않는 본질은 있다. 이 칼럼을 수록하는 것도 독자들에게 입시의 본질이 무엇인지 알려주고 싶어서이다.

용산전자상가에 가면 가장 많이 듣는 말이 '어디까지 알아보고 오셨나요?'이다. 이어지는 상대방의 반응에 따라 부르는 가격은 천차만별이다. 많이 알고 갈수록 바가지를 쓸 확률이 적어진다. 입시도 마찬가지이다. 입시에 대한 이해도가 높으면 높을수록 합격시킬 수 있는 대학의 범위는 천차만별이다.

학생부 교과성적이 1.9등급으로 동일한 A와 B, 두 학생이 있다.

A는 학생부종합전형으로 세종대, 단국대, 가천대에 합격을 했다. 하지만 B는 같은 전형으로 경희대, 건국대, 동국대에 합격을 했다. 나역시 실제로 접했던 사례이기도 하다. A는 학부모가 학교에서 상담한 대로 지원을 했다. 반면 B는 학교에서 상담한 결과에 더해서 본인이 여기저기 발품을 팔아 찾아본 정보를 조합하고 분석해 이런 결과를 만들었다. 학부모가 입시전문가일 필요는 없지만, 입시에 대한 이해가 어느 정도는 필요하다는 것을 잘 말해주는 사례이다.

이 대입칼럼에는 '올해 경쟁률은 어떨 것이다'라고 분석한 결과를 담았는데, 칼럼을 쓰고 1년이 지난 뒤에 확인해보니 예상적중률은 83퍼센트나 되었다. 나머지 17퍼센트는 오차범위 안에서 약간 빗나갔다. 기상예보만큼이나 변수가 많은 대학입시에서 80퍼센트 이상의 적중률을 기록했다는 것에 감사한다. 이 칼럼이 입시에 대한 이해도를 높이는 데 도움이 되길 바란다.

3월 학력평가 성적이
곧 수능성적일까?

    2016학년도 첫 고3 전국연합학력평가가 3월 11일 치러졌다. 보통 3월 교육청 모의고사라 불리는 이번 시험은 재학생들이 고3이 되어 치르는 첫 전국 단위 모의고사이다. 그러니 특별한 의미로 받아들이는 경우가 적지 않다. 3월 학력평가 성적이 곧 대학수학능력시험 성적이라는 루머가 떠도는 것도 이런 이유이다. 그냥 우스갯소리로 치부할 수도 있지만 어디 수험생들 마음이 그런가. 실제로도 상담을 하다 보면 '3월 모의고사 성적이 생각보다 못 나왔는데 어떡하나요?'라는 진심 어린 걱정에 사로잡힌 수험생들도 적지 않다. 3월 학력평가에 얼마만큼의 의미를 두어야 할까.

'지나치게 많은 의미를 두면 건강에 안 좋다'는 조언을 먼저 하겠다. 3월 학력평가 성적은 올해 치르게 되는 수능성적에 비해 떨어지는 것이 일반적인 현상이기 때문이다. 3월 학력평가는 재학생만 응시가 가능하다. 하지만 수능은 재수생 지원이라는 변수가 있다. 지난해 수능에서는 14만5,000여 명 정도의 재수생들이 수능에 응시했다. 수능 응시인원의 약 23퍼센트 정도가 재수생이다. 문제는 재수생 중 상당수가 수능에서 상위권 성적을 형성한다는 것이다. 3월 학력평가 성적과 비교해 재학생의 수능성적이 떨어지는 직접적인 원인이 여기에 있다.

지난해 수능성적 최상위권 5,000여 명을 분석한 결과 재수생 비율은 절반 정도였다. 재학생들이 좋은 등급을 받기가 어렵다는 사실을 여실히 보여주는 사례이다. 직업탐구를 선택하는 전문계고 재학생의 이탈도 성적 하락의 원인이다. 시험에 따라 차이가 있지만 보통 2만~3만 명의 전문계고 재학생이 응시를 하고, 적지 않은 숫자가 중하위권 성적대를 형성한다. 하지만 이들은 시간이 지날수록 모의고사 응시를 포기하거나 전문대 진학으로 눈길을 돌리는 경우가 많다. 이들이 응시집단에서 차지하는 비중이 그만큼 줄면서 재학생들의 상대적인 성적 변화를 가져오게 된다.

따라서 3월 학력평가 성적을 기준으로 대입 수시모집 지원전략을 세우면 상향지원하는 실수를 저지를 수 있으니 주의해야 한다.

3월 학력평가와 수능성적을 비교해보면 재학생의 5퍼센트 정도만 성적이 상승했다는 한 입시전문 기관의 통계도 눈여겨 살펴볼 만하다. 3월 학력평가 성적을 기준으로 수시모집 지원대학을 결정하는 우를 범하면 안 되는 이유이다.

대부분의 재학생은 수능에서 3월 학력평가 성적과 비슷하거나 더 낮은 수능 점수를 받을 가능성이 크다. 실제로 많은 재학생이 3월 학력평가 성적을 자신이 충족할 수 있는 수능 최저학력기준으로 생각한 뒤 수시모집 지원대학을 결정한다. 이런 수험생들은 자신의 실제 실력보다 높은 논술고사 준비와 학생부종합전형에 대비한 비교과 활동 이력을 쌓는 데 더 집중하기 마련이다. 하지만 결국 수능 최저학력기준을 충족하지 못해 불합격될 가능성이 높다. 한마디로 3월 학력평가는 의미가 없다.

여기에서 '의미 없다'라는 표현을 오해하면 안 된다. 3월 학력평가는 특별한 시험이 아니라는 의미를 강조한 것뿐이다. 그저 하나의 평가전에 지나지 않는다. 부디 3월 학력평가 결과에 기뻐하거나 슬퍼하지 말자고 당부하고 싶다. 성적이 잘 나오면 자만하지 말고, 못 나오면 내게 부족한 점은 무엇인지 찾아 보충해나가는 것이 이번 시험의 가장 중요한 의미이다. 3월 학력평가 시험으로 대학을 가는 것은 아니니까.

'동상이몽' 입시설명회
가야 하나? 말아야 하나?

점심 식사 후 대치동 일대를 잠깐 걸었다. 어제 내린 비로 황사를 비롯해 각종 오염물질이 사라진 탓인지 공기도 개운하고 햇살도 따뜻해서 더할 나위 없이 좋았다. 날씨가 풀리는 4월 이후부터 각종 입시회사와 대학교의 입시설명회가 쏟아지기 시작한다.

입시설명회를 대하는 수험생 학부모들은 2가지 유형으로 나눌 수 있다. 첫째는 입시설명회를 찾아다니는 유형이고, 둘째는 입시설명회를 몇 번 가봤지만 도움이 안 되는 것 같아 더 이상 찾지 않는 유형이다. 첫째 유형이었다가 서서히 둘째 유형으로 바뀌는 경우가 많더라. 어째서일까? 그 이유는 간단하다. 이 칼럼의 제목처럼 입시설명회를 찾는 학부모와 입시설명회 주최 측이 서로 다른 꿈을 꾸기 때문이다.

여기서 질문을 하나 던지겠다.

"학부모들은 왜 입시설명회를 찾는가?"

보통은 '답답하기 때문'이라고 생각한다. 왜 답답할까? 자녀의 성적으로 명문대학 진학이 어렵기 때문이다.

실제로 입시설명회를 찾는 학부모 중 적지 않은 숫자가 중위권 성적대 수험생의 학부모들이다. 오히려 최상위권 학부모들은 입시설명회장을 잘 찾지 않는다. 자녀의 성적은 약간 부족한데 인서울은 시켜야 하겠고, 그래서 어떤 방법이 없을까 하는 생각에서 입시설명회를 찾는 것이다.

반면 입시설명회 주최 측은 명문대학 진학에 초점을 맞춘다. 입시설명회를 찾은 적지 않은 학부모들이 괴리감을 느끼는 것도 이런 이유 때문이다. 일부러 시간을 내서 갔는데 정작 자신과는 거리가 먼 이야기만 하다가 끝나기 십상이다. 더 답답한 건 입시설명회 주최 측마다 서로 다른 이야기를 할 경우이다. 수험생과 학부모 들은 점점 더 헷갈린다. 실제 사례를 들어보자.

A입시회사는 중위권 학생들에게 논술전형을 추천했다. '학생부 성적도 안 좋고 소위 말하는 스펙도 없으니 논술전형이 인서울의 답'

이라고 했다. 경쟁률이 수십 대 1이지만 수능 최저학력기준을 충족한 학생들만 추려낸 실제 경쟁률은 1자릿수이기 때문에 해볼 만하다는 이유였다. 하지만 B입시회사는 중위권 학생들이 논술전형에 응시하는 것을 부정적으로 보고 있다. 합격 가능성도 낮은데 논술 준비한다고 시간만 허비하지 말고 그 시간에 수능 공부를 더 열심히 해서 남보다 1문제 더 맞는 것이 좋다는 이유였다.

한쪽에서는 대안, 다른 한쪽에서는 부정적이라고 하니 그 사이에 낀 학부모들은 머릿속만 터질 지경이다. A와 B입시기관의 입장이 이렇게 차이 나는 이유는 무엇일까? 이유는 간단하다. A회사는 논술강좌를 판매하는 회사였다. 하지만 B회사는 논술강좌를 판매하지 않았다. B회사는 논술강좌와 관련이 없으니 좀 더 솔직해질 수 있다. 어떤 입시회사가 주최하느냐에 따라 전혀 다른 이야기가 나오는 것이다. 그렇다고 안 가자니 답답하고 가자니 딱히 도움은 안 될 것 같아 고민인 학부모들은 입시설명회를 스마트하게 활용할 수 있는 방법에 주목하자.

첫째, 입시회사가 주최하는 입시설명회는 재학생과 재수생으로 구분해 2군데 정도만 가라. 입시회사마다 재학생 회원이 많은 곳이 있고 반대인 경우도 있다. 재학생 회원이 많은 곳은 인터넷 강의를 주업으로 하거나 또는 대입 원서접수를 대행하는 대형 입시회사를 떠

올리면 된다. 재수생이 많은 회사는 재수학원으로 유명한 곳이라고 생각하면 된다. 재학생이 중심인 입시기관 설명회와 모의고사 성적이 좋은 재수생 중심 설명회에서 얻을 수 있는 정보는 서로 다를 수밖에 없다.

둘째, 입시설명회 순서를 살펴라. 강의 주제가 구체적이지 않다면 굳이 갈 필요가 없다. 예컨대 '6월 평가원결과와 입시전략'처럼 제목이 구체적이지 않다면 두루뭉술한 이야기가 나오기 쉽다. '6월 평가원결과와 인서울 대학 입시전략'처럼 강의주제가 구체적이라면 어느 정도 도움이 되는 정보를 얻을 수 있을 것이다.

셋째, 개별 대학을 직접 접촉하라. 입시설명회를 통해 충분한 도움을 받지 못한다면 개별 대학을 직접 접촉하는 것이 좋다. 자녀가 가고 싶어 하는 대학 입학처 홈페이지를 방문해 질문을 하거나 또는 전화를 해서 자신의 성적으로 희망 학과의 합격이 가능한지, 어떤 성적대까지 합격을 했는지 어느 정도는 정보를 얻을 수 있다.

Secret 01
서울대

지역균형선발 평균 경쟁률 3 대 1 …
일반전형은 11 대 1 넘어

　　서울대는 2016학년도 수시모집에서 지역균형선발, 기회균형선발, 일반전형 등 3가지 유형으로 신입생을 선발한다.

　　지역균형선발은 갈수록 모집인원이 줄고 있는 것이 특징이다. 올해는 지난해보다 9명이 줄어든 682명을 뽑는다. 학생부와 자기소개서 등 서류평가와 면접결과를 종합한 후 수능 최저학력기준 충족여부를 따져 최종합격자를 결정한다.

수능 최저학력기준은 지난해와 동일한 수능 4개 영역 중 3개 이상 2등급이다. 올해도 수능 최저학력기준 충족 여부가 중요할 것으로 보인다. 교육부가 지난해와 비슷한 난도로 수능을 출제한다고 밝혔기 때문이다. 지난해는 수학 B형과 영어영역 만점자가 속출해 1문제 차이로 등급이 갈려 수능 최저학력기준을 충족하지 못했던 경우가 많았던 만큼 올해도 비슷한 상황이 나타날 수 있다. 실제로 서울대 지역균형선발에 응시한 학생 중 매년 20퍼센트 이상은 수능 최저학력기준을 충족시키지 못해 불합격의 고배를 마신다.

지역균형선발은 서울대 일반전형보다 경쟁률이 낮은 것이 특징이다. 지난해 평균 경쟁률은 3.39 대 1로, 일반전형 평균 경쟁률 11 대 1에 비하면 3분의 1 정도로 낮았다. 고3 재학생 중 개별 고등학교에서 학교장추천을 받은 2명만 응시할 수 있기 때문이다. 전국에 있는 인문계 고등학교 수가 1,100개 정도 되니까 지역균형선발에 응시할 수 있는 숫자는 2,200명 정도이다. 평균 경쟁률이 매년 3 대 1 선으로 일정하게 형성되는 이유이다.

일반전형은 지역균형선발과 달리 지원자격에 제한이 없다. 수능 최저학력기준을 요구하지도 않는다. 1단계에서 학생부와 자기소개서 등 서류평가로 2배수를 뽑은 다음 면접과 구술고사를 치러 최종합격자를 선발한다. 서울대는 면접에 15분, 면접 준비에 30분을 준다. 상담과정에서 학부모와 수험생 들을 만나 보면 면접과 구술고사를 지원동기와 입학 후 포부 정도를 묻는 수준으로 생각하는 경우가 적지 않다. 하지만 서울대 면접과 구술고사는 그 자체가 또 하나의 본고사라고 표현할 만큼 쉽지 않다.

실제 수험생들이 복기한 서울대 일반전형 면접문제를 보면 난도가 상당하다. 예컨대 서울대 영어교육과에 지원한 수험생에게 영어지문을 주고 '3~4문장으로 요약해 영어로 말하라'는 요구를 하거나, 원자핵공학과 지원자에게 '보어와 러더퍼드의 원자모형에 관한 문제와 양자원적 에너지를 1차원 상자에서 구하는 문제'를 주는 등 일반고는 물론 특목고 학생들도 답하기 쉽지 않은 문제가 적지 않게 나온다.

　　일반전형은 수능 최저학력기준이 없는 만큼 2단계 면접이 최종 당락을 결정하는 중요한 관문이다. 따라서 서울대 일반전형을 준비하는 수험생은 서울대 구술고사를 쉽게 생각해서는 안 된다. 서울대 일반전형 실제 지원자들이 복기한 면접기출문제는 앞서 언급한 '아이플러스 행복한 11월의 목소리 카페'에서 무료로 공개하고 있으니 참고해도 좋다.

　　서울대 일부 모집단위는 수시모집에서만 신입생을 선발한다. 올해는 치의학과, 통계학과, 지구환경공학부, 건축학과, 에너지자원공학과, 원자핵공학과, 미술대학, 음악대학, 사범대학 일부 단위 등이다.

Secret 02
연세대

특기자전형
자기소개서 영향력 크다!

연세대는 2016학년도 수시모집에서 ▲학생부교과전형 257명 ▲학생부종합전형 480명 ▲일반전형 683명 ▲특기자전형 970명 등 총 2,390명을 뽑는다. 지난해와 비교하면 전형별 모집인원의 변화만 있을 뿐 큰 차이는 없다고 할 수 있다.

특기자전형은 수능 최저학력기준이 없다. 국제교과 또

는 전문교과를 이수한 수험생이 지원할 수 있다. 이들 전문교과는 일반 고등학교에서 접하기 어렵다. 따라서 국제고, 외국어고, 과학고, 자율형사립고 출신자를 위한 전형이라 할 수 있겠다. 1단계에서 학생부+자기소개서+추천서 등을 종합적으로 평가해 모집인원의 일정 배수를 면접 대상자로 올린 다음, 1단계 성적 70퍼센트와 면접고사 성적 30퍼센트를 반영해 최종합격자를 선발한다.

연세대 특기자전형은 자기소개서의 영향력이 크다. 충분히 합격할 수 있는 교과성적을 가졌지만 자기소개서에서 좋은 평가를 얻지 못해 떨어진 경우가 적지 않다. 실례로 A라는 학생은 서울의 유명한 자율형사립고에서 학생부 교과등급이 1.9등급일 정도로 성적이 좋았다. 자신보다 교과성적이 훨씬 낮은 친구들과 함께 연세대 특기자전형에 지원했지만 정작 본인만 떨어졌다. 본인도 왜 그럴까 궁금해했는데 A의 자기소개서를 보면서 그 의문이 풀렸다. 지독한 나열식에 자화자찬식 표현, 게다가 문장은 읽기에 너무 지루했다. 한마디로 딱 떨어지기 좋은 자기소개서였던 것이다.

고3 재학생만 지원 가능한 학생부교과전형은 자기소개서와 추천서가 필요 없다. 대신에 학생부 교과성적과 수능 최저학력기준 충족여부가 중요하다. 학생부교과전형으로 합격하기 위해선 인문계열 1.2~1.3등급, 자연계열 1.2~1.5등급 이내의 학생부 교과성적이 필요하다고 알려져 있다. 1단계에서 학생부 교과성적으로 3배수를 뽑고 2단계에서 교과성적 70퍼센트와 비교과성적 30퍼센트를 반영해 최종합격자를 결정한다. 수능 최저학력기준은 인문계열 기준 수능 4개 영역 중 2개 영역 2등급, 자연계열은 2등급 1개, 3등급 1개이다.

　　학생부종합전형은 지난해보다 58명이 늘어난 480명을 뽑는다. ▲학교활동우수자 ▲사회공헌자 ▲다자녀 ▲사회배려자 트랙으로 나뉜다. 학교활동우수자는 3수생까지 지원할 수 있다. 1단계에서 학생부와 자기소개서, 추천서를 종합 평가해 일정비율을 뽑고 2단계에서 1단계 성적 70퍼센트와 면접고사 성적 30퍼센트를 반영해 최종합격자를 선발한다.

　　학생부종합전형은 대학별로 1가지 공통점이 있다. 학

생부 교과성적 00퍼센트, 자기소개서 00퍼센트, 추천서 00 퍼센트 등 평가지표에 대한 구체적인 비율과 기준은 공개 하지 않는 대신 '종합적으로 평가'한다는 애매모호한 표현 을 쓴다는 것. 전형요소별 반영비율이 궁금하다면 일반적 으로 학생부 성적 40퍼센트, 자기소개서 40퍼센트, 추천서 20퍼센트 정도라고 생각하면 되겠다. 수능 최저학력기준 은 학교활동우수자 기준 인문계열 수능 4개 영역 중 2등급 3개 이상이다. 학생부교과전형이 2등급 2개인 것과 비교하 면 수능 최저학력기준이 높다. 자연계열은 2등급 2개이다.

일반전형은 지난해보다 55명이 줄어든 683명을 뽑는 다. 논술고사 성적 70퍼센트와 학생부 교과성적 20퍼센트 +비교과성적 10퍼센트를 반영한 다음에 수능 최저학력기 준 충족여부를 따져 최종합격자를 정한다. 학생부 성적은 1등급부터 5등급까지는 0.2점 차이에 불과하다. 비교과성 적도 큰 의미가 없다. 대신에 수능 최저학력기준이 무척이 나 까다롭다. 인문계열 기준 수능 4개 영역의 등급 합 6 이 내이다.

쉽게 이야기하면 1등급 2개와 2등급 2개가 필요하다

는 것이다. 자연계열은 수능 4개 영역의 등급 합 7 이내이다. 1등급 1개와 2등급 3개 또는 1등급 2개와 2등급 1개, 3등급 1개를 받아야 기준을 통과할 수 있다는 의미인데, 말처럼 쉽지는 않다. 교육부가 올해도 지난해와 비슷한 난도로 수능을 출제한다고 밝혔기 때문에 문제 하나 차이로 등급이 갈려 최저학력기준을 충족하지 못하는 상황이 반복될 수 있는 것이다.

Secret 03

고려대

일반전형, 일반고에 불리해져 …
논술고사 영향력 ↑
학생부 반영비율 ↓

올해 수시모집으로 고려대 합격을 희망하는 수험생 중 일반전형을 노리는 일반고 수험생들은 나쁜 소식이 두 가지 있다. 첫째는 지난해보다 모집인원을 100명 줄였다는 것이고, 둘째는 논술 영향력이 높아졌다는 거다. 논술고사 성적 45퍼센트에 학생부 성적 55퍼센트를 반영했던 지난해와 달리 올해는 논술고사 성적 60퍼센트에 학생부 성적

40퍼센트를 반영한다.

이는 학생부 성적은 다소 낮아도 수능 최저학력기준을 통과할 수 있으면서 동시에 논술성적도 대학이 요구하는 수준 이상으로 쓸 수 있는 수험생들을 많이 뽑겠다는 의도이다. 일반고 수험생들에게 유리한 조합은 결코 아닐 것이다.

일반전형에서 줄인 100명은 융합형인재전형과 특별전형으로 돌렸다. 융합형인재전형 선발인원이 80명 늘었고, 특별전형인 국제인재와 과학인재의 선발인원도 각각 10명씩 늘어난 것. 일반전형 인원을 줄이면서 소위 스펙이 중요할 것으로 보이는 전형의 선발인원을 늘린 것이다. 올해 고려대가 수시모집을 통해 어떤 유형의 수험생들을 뽑고자 하는지 알려주는 복선이라고 하겠다.

고려대가 발표한 전형계획안 곳곳에도 그런 뉘앙스가 녹아 있다. 예컨대 학교장추천전형은 1단계에서 학생부 교과 80퍼센트에 비교과와 자기소개서 등 나머지 서류는 20퍼센트를 반영한다고 명시했지만, 융합형인재전형과 특별전형은 그저 서류 100퍼센트라고 표기해놓았을 뿐

학교장추천전형처럼 구체적인 반영비율은 명시하지 않은 것이다.

학생부추천전형은 고교별로 인문계 2명, 자연계 2명만 학교장추천을 받아 지원이 가능하다. 1단계에서 3배수를 선발한 후 1단계 성적 70퍼센트와 면접고사 성적 30퍼센트를 반영해 최종합격자를 결정한다. 이 전형의 면접고사는 면접시간이 6분에 지나지 않는다. 이미 합격자가 결정되어 있는 형식적인 면접이라고 느끼는 수험생들이 적지 않은 이유이다. 6분 동안 지원자의 모든 면모를 파악할 수 있는 입학관계자들이 그저 존경스러울 따름이다. 고려대 학생부추천전형 실제 지원자들이 복기한 면접 기출문제는 '아이플러스 행복한 11월의 목소리 카페'에서 무료로 공개하고 있으니 참고해도 좋겠다.

융합형인재전형은 학생부추천전형과 전형방법은 같다. 하지만 1단계 서류평가는 '고교 교육과정의 다양한 전형자료를 평가요소에 반영한다'라는 애매모호한 용어로 설명을 끝내고 있다. 학교장추천전형에서 전형요소별 반영비율을 친절히 안내한 것과 전혀 다른 모습이다. 융합형인재전형과 학교장추천전형 모두 수능 최저학력기준을 충족해야 한다. 인문과 자연계열 모두 수능 4개 영역 중 2개 이상 2등급을 받으면 된다.

Secret 04

서강대

학생부종합전형 자기주도형
경쟁률 높고 일반형은 낮을 듯

서강대는 지난해 수시모집에서 학생부 교과성적 반영 방식의 기발함으로 주목을 받았다. 일반전형은 학생부 교과성적이 2등급, 학생부교과전형은 인문계열 학생부 교과성적 3등급, 자연계열은 3.5등급까지 모두 만점을 주었기 때문이다. 학생부 교과성적에 대한 변별력이 사라지게끔 만든 것이다.

서강대가 구체적인 2016학년도 학생부 교과성적 반영 방식을 밝히지 않았지만 지난해와 비슷할 가능성이 있다. 서강대가 이렇게 기발한 교과성적 반영방식을 들고 나온 이유는 하나이다. 더 우수한 학생을 모집하기 위해서이다. 일반전형과 학생부교과전형 모두 수능 최저학력기준을 적용했다. 인문계열은 수능 4개 영역 중 2등급 3개 이상, 자연계열은 2등급 2개 이상이었다. 학생부 교과성적이 3~3.5등급 사이인 수험생 중 수능에서 2등급을 3개 이상 받을 수 있는 경우가 생각보다 많지는 않다. 결론은 특목고와 자사고 출신 학생들을 많이 뽑겠다는 의미인 것.

　　2016학년도 일반전형을 한번 살펴보자. 올해는 405명을 뽑는다. 지난해보다 63명 줄였다. 논술고사 성적 60퍼센트에 학생부 교과성적 20퍼센트와 학생부 비교과성적 20퍼센트를 반영한다. 논술유형은 인문사회는 통합교과형 논술, 자연계열은 수리논술이 출제된다. 수능 최저학력기준은 지난해와 동일하다.

　　학생부종합전형은 2012년 2월 이후 졸업자까지 지원할 수 있다. 자기주도형과 일반형으로 나뉘는데 자기주도형은 290명, 일반형은 269명을 선발한다. 자기주도형과 일반형의 차이는 수능 최저학력기준의 유무이다. 자기주도형은 수능 최저학력기준이 없다. 전형방법도 지난해 단계별 선발에서 올해는 학생부와 자기소개서, 추천서 등을 1번에 평가하는 일괄전형으로 바꿨다. 수험생 입장에서는 단계별 선발보다는 일괄전형이 면접을 준비해야 하는 부담에서 자유로우니 편하다. 게다가 수능 최저학력기준도 없다. 진입장벽이 낮아진 셈이다. 자기주도형의 경쟁률이 대폭 올라갈 것으로 전망되는 이유이다.

반면 일반형은 자기주도형에 비해 경쟁률이 낮아질 것이다. 수능 최저학력기준 때문이다. 일반전형보다도 더 높다. 인문사회는 수능 3개 영역 합 4등급 이내이다. 수능 4개 영역 중 1등급 2개와 2등급 하나를 받아야 한다는 말이다. 자연은 수능 3개 영역 합 6등급이다. 2등급 3개를 받아야 하는 것. 학생부종합전형은 지원자의 전공적합성과 발전가능성, 인성 등을 종합적으로 파악해 뽑는 정성평가형 선발 도구이다. 적지 않은 대학들이 학생부종합전형에서 수능 최저학력기준을 요구하지 않는 것도 이런 이유 때문이다. 하지만 학생부종합전형에서 이렇게 높은 수능 최저학력기준을 요구한다는 건 사실상 학생부종합전형이 아니라는 것과 같다.

　일반형의 과도한 수능 최저학력기준에 부담을 느낀 수험생들이 자기주도형에 지원하리라는 것은 불 보듯 뻔하다. 그렇다면 일반형은 학생부 교과성적은 상대적으로 낮지만 모의고사 성적이 유리한 모의고사형 수험생들이 유리하다는 결론이 나온다. 이런 유형의 상당수가 특목고와 자사고, 비평준화고 출신들이다.

　알바트로스 특기자전형은 아트&테크놀로지전형을 뺀 외국어와 수학과학전형에서 3수생까지 지원이 가능하다. 외국어와 수학과학 관련분야에 뛰어난 역량을 갖춘 인재가 지원대상이다. 말 그대로 특기자를 위한 전형인 것. 1단계는 학생부, 자기소개서, 추천서 등을 평가해 2~5배수를 뽑은 다음, 2단계에서 1단계 80퍼센트와 2단계 20퍼센트를 반영해 최종합격자를 결정한다. 수능 최저학력기준은 없다.

Secret 05

성균관대

수능 최저학력기준 완화하고
제2외국어와 한문까지
포함한 이유는?

　　2016학년도 성균관대 수시모집 전형요강의 특징은 '수능의 영향력 약화'라고 할 수 있다. 성균관대는 학생부종합 성균인재전형에서 수능 최저학력기준을 폐지했다. 지난해는 수능 4개 영역 중 1등급 하나 이상이었다. 수능 최저학력기준 계산방법도 달리했다. 경쟁 대학들이 ▲국어 ▲수학 ▲영어 ▲탐구의 4개 영역 중 2등급 2~3개 이상을 요구하는 것과 달리, 성균관대는 ▲국어 ▲수학 ▲영어 ▲탐구선택1 ▲탐구선택2 ▲제2외국어와 한문까지 총 6개 영역 중 2등급 3개 이상이다.

예컨대 A수험생이 ▲국어 3등급 ▲수학 3등급 ▲영어 2등급 ▲탐구선택1 4등급 ▲탐구선택2 2등급 ▲제2외국어/한문 2등급을 받았다고 하자. A학생이 지원한 B대학과 성균관대는 수능 최저학력기준이 2등급 3개 이상이다. A학생은 B대학의 수능 최저학력기준을 통과하지 못한다. B대학은 수능 4개 영역 기준이다. 수능 최저학력기준으로 4개 영역을 활용하는 대학들은 일반적으로 탐구는 2개 과목 평균으로 계산하고 제2외국어와 한문은 반영하지 않는다. 따라서 A학생은 B대학에서는 불합격이다. 하지만 성균관대 기준으로는 수능 최저학력기준을 충족한다. 영어 2등급, 탐구선택 2개 과목 중 1개 2등급, 제2외국어/한문 2등급으로 2등급이 3개 이상이기 때문이다.

성균관대는 지난해 논술우수자전형에서 수시모집 등록 마감일까지 추가합격 전화를 돌려야 했다. 2015학년도 수능은 국어B형이 너무 어려웠고 영어는 너무 쉬워서 수능 최저학력기준을 충족하기가 어려웠다. 수능 최저학력기준을 충족한 수험생도 직전 년에 비해 부족할 수밖에 없었다. 교육부는 올해도 수능을 쉽게 출제한다고 공표했다. 성균관대가 수능 4개 영역이 아닌 6개 영역으로 수능 최저학력기준을 완화한 것도 이런 맥락이다. 지난해와 비슷한 상황이면 수능 최저학력기준을 충족한 수험생은 줄게 된다. 반대로 수능 최저학력기준을 충족한 수험생은 중복 합격할 가능성이 커진다. 이는 수시합격자들이 다른 대학으로 대거 이탈하는 현상을 가져올 수 있는 것이다. 성균관대도 지난해 합격자들의 대거 이탈로 수시등록 마감일 당일에 예비번호가 없었던 수험생들이 추가합격 전화를 받는 기현상이 벌어졌었다.

성균관대는 신입생의 76퍼센트를 수시모집으로 뽑는다. 자기소개서가 필요한 학생부종합전형이 1,149명에서 1,162명으로 늘었다. 이 중 성균인재전형은 지난해 518명에서 80명이 늘어난 598명을 뽑는다. 반면 글로벌인재전형은 67명이 줄어든 564명을 선발한다. 학생부 성적과 자기소개서, 추천서 등 서류평가 100퍼센트로 합격자를 결정한다. 올해는 성균인재전형의 수능 최저학력기준을 폐지한

만큼 경쟁률이 대폭 상승할 것으로 전망된다.

논술전형은 논술우수자전형과 과학인재전형으로 나 뉜다. 과학인재전형은 자기소개서를 요구한다. 서류평가 40퍼센트와 논술성적 60퍼센트를 반영한다. 논술우수자 전형은 학생부 성적 40퍼센트에 논술고사 성적 60퍼센트 를 반영한다. 수능 최저학력기준은 인문과 자연 모두 수능 6개 영역(제2외국어 포함) 중 2등급 3개 이상이다. 인문계는 통합교과형 논술이 출제되고 자연계열은 수학과 과학 각각 2문제가 출제된다.

Secret 06

한양대

수시모집 학생부 교과
8등급 후반 수험생도 합격!

한양대는 지난해 수시모집에서 아주 파격적인 조건을 걸었다. '수능 최저학력기준 폐지와 학생부종합전형에서 학생부 교과성적을 반영하지 않는다'는 것. 하지만 경쟁률은 기대와 달리 낮았다. 한양대의 이런 파격적인 실험이 처음이라 다소 몸을 사린 측면이 없잖아 있었던 거다. 하지만 올해는 다를 것으로 전망된다. 이미 지난해 1번 경험을 했다는 것도 있고, 지난해보다 조금은 더 파격적이기 때문이다. 한양대는 올해 3수생까지 지원 가능한 학생부교과전형에서 2단계 전형에서 실시하던 면접고사를 폐지했다. 단계별 선발에서 학생부 교과 100퍼센트만 반영하는 일괄전형으로 바꾼 것이다. 쉽게 말하면 그냥 학생부 교과성적 100퍼센트만 본다는 거다. 학생부 외에 자기소개서와 추천서 등 제출서류도 없고 면접 준비에 대한 부담까지 없어졌다. 진입장벽이 한층 낮아진 셈이다. 학생부교과전형 경쟁률이 다소 올라갈 것으로 전망되는 이유이다. 한양대 학생부교과전형 최초합격선은 연·고대 수준이 되리라 본다. 실제 한양대가 발표한 2015학년도 학생부우수자전형 최종등록자의 학생부 교과성적 평균은 인문과 상경계열 1.2등급, 자연계열 1.21등급이었다. 학생부 교과성적 반영방식은 재학생과 졸업생 구분 없이 3학년 1학기까지 반영한다.

학생부종합전형은 학생부종합평가 100퍼센트로 선발한다. 학생부 교과성적을 반영하지 않고 자기소개서와 추천서도 필요 없다. 학생부를 토대로 적성 50퍼센트와 인성 및 잠재력 50퍼센트를 반영한다. 지난해는 적성 40퍼센트

+인성 30퍼센트+성장잠재력 30퍼센트를 본다고 했다. 올해는 적성의 비중이 10퍼센트 높아졌다. 학생부 반영영역은 수상경력+창의적 체험활동상황+일반과목 세부능력 및 특기사항+행동특성 및 종합의견이다. 한양대의 이런 파격적인 실험은 환영한다. 하지만 과연 공정한 평가가 가능하겠느냐는 의문이 드는 것도 사실이다. 한양대가 밝힌 학생부종합평가 반영방법을 살펴보면 '학업역량 및 자신의 소질과 적성에 따른 다양한 경험, 활동'과 '타인과의 소통, 협력, 공동체 의식, 자기주도역량, 역경극복역량' 등을 평가한다고 한다. 하지만 입학사정관을 6개월 단위 계약직으로 임용했고 입학사정관 명칭도 인재선발관으로 입맛대로 바꿔 선발한 한양대의 처사를 미루어 보면 수험생의 잠재력과 발전가능성을 제대로 평가할 수 있을까 하는 의문이 든다. 실제 한양대는 지난해 학생부 교과등급 1등급부터 8등급 후반까지 다양한 성적대 수험생들이 수시모집을 통해 선발을 했다고 밝혔지만, 그 8등급 후반 학생은 알고 보니 서울에 있는 모 과학고 출신이었다고 한다.

논술전형은 논술고사 50퍼센트와 학생부종합평가 50

퍼센트를 반영한다. 논술고사는 지난해와 마찬가지로 75분 동안 진행된다. 어학특기자 전형은 공인외국어성적을 제출할 필요가 없다. 외국어에세이와 외국어면접을 실시한다. 1단계에서 외국어에세이로 3배수를 뽑은 후 2단계에서 외국어면접을 통해 최종합격자를 뽑는다. 외국어에세이는 60분 동안 해석과 작문능력, 사고력을 평가한다. 외국어면접은 10분 동안 2인 이상의 면접관과 해당 언어 구사능력 및 인성평가를 치른다.

Secret 07

이화여대

학생부종합전형은
☐ ☐ ☐☐☐☐☐☐이 있다?

　　이화여대는 올해 수시모집을 통해 1,880명, 정시모집
으로는 1,155명을 뽑는다. 비율로는 수시모집 61.9퍼센트,
정시모집 38.1퍼센트 되겠다. 전형별로 구체적인 전형방법
을 살펴보면 논술전형은 지난해보다 50명이 줄었다. 학생
부 성적 30퍼센트와 논술고사 성적 70퍼센트를 반영한다.
수능 최저학력기준은 인문계열 기준 2등급 3개, 자연계열

은 2등급 2개이다.

이화여대는 논술전형에서 학생부 반영방법이 독특했다. 올해는 아직 구체적인 반영방법을 공개하지 않았지만 지난해를 기준으로 살펴보면 학생부 성적 30퍼센트 반영은 큰 의미가 없다. 이화여대는 국어, 수학, 영어, 사회, 과학 5개 교과군에서 상위 30단위 교과만 골라 학생부 교과성적을 산출했다. 상위 30단위라고 해서 30개 과목으로 혼동해서는 안 된다. 과목이 아닌 단위 수이다. 국어, 영어, 수학 등 주요 교과목은 1과목이 보통 3단위 이상이다. 이를 좀 더 쉬운 표현으로 바꿔본다면 고등학교 재학기간 중 가장 성적이 좋은 10개 과목을 반영한다고 볼 수 있다. 이런 방식이면 일반전형 지원자 중 상당수는 학생부 교과성적이 올라간다. 학생부 교과성적보다는 논술고사 성적과 수능 최저학력기준 충족여부가 더 중요한 이유이다.

고교추천전형은 재수생까지 지원할 수 있다. 말 그대로 개별 학교에서 추천한 학생이 지원할 수 있다. 1학교당 6명까지 추천이 가능하다. 1단계 학생부 80퍼센트와 서류평가 20퍼센트를 반영한 후, 1단계 성적 80퍼센트와 면접고사 성적 20퍼센트를 반영해 최종합격자를 결정한다. 수능 최저학력기준은 없다.

학생부종합전형은 1단계에서 학생부, 자기소개서, 추천서 등 서류평가 100퍼센트로 일정 배수를 선발한 다음, 2단계에서 1단계 성적 80퍼센트와 면접고사 성적 20퍼센트 반영한다. 면접고사는 면접위원 2명이 6~10분 이내로 진행한다. 시사면접과 인성면접 두 가지 형태로 진행된다. 많은 대학들이 학생부종합전형에서 수능 최저학력기준을 요구하지 않지만 이화여대는 다르다. 학생부종합전형 중 가장 모집인원이 많은 미래인재전형(550명) 기준으로 인문과 자연계열 모두 수능 4개 영역 중 2등급 2개이다.

미래인재전형의 평균 경쟁률은 지난해와 크게 다르지 않을 것으로 보인다. 학생부종합전형에서 수능 최저학력기준이 있고 없고는 곧 경쟁률로 연결된다. 수능 최저학력기준이 있는 전형보다는 없는 전형의 경쟁률이 더 높고, 수능 최저학력기준이 변함없는 전형은 큰 이변이 없는 한 지난해와 비슷하게 형성되는 것이 일반적이다. 참고로 2015학년도 미래인재전형의 평균 경쟁률은 8.2 대 1 수준이었다.

Secret 08
중앙대

학생부종합전형
지난해보다 407명 늘어나!

이번은 전임 이사장 때문에 시끄러운 중앙대 차례이다. 우선 지난해와 비교해 무엇이 달라졌는지 살펴보도록 하자. 필자가 기회가 될 때마다 강조하는 것이 지난해와 비교하라는 것. 새로 생겨난 전형은 없는지, 없어진 전형은 없는지, 전형별 모집방법은 바뀌었는지 등을 살펴야 한다. 지난해와 무언가 달라졌다면 지원자가 달라진다는 의미이기도 하다.

예컨대 지난해는 수능 최저학력기준이 없다가 올해는 수능 최저학력기준이 생겼다면? 지난해보다 경쟁률은 하락하고 내신형 수험생보다는 모의고사형 수험생 지원이 늘 것이다. 반대로 수능 최저학력기준이 없어졌다면? 지난해보다 경쟁률은 올라갈 것이다. 부담이 줄었기 때문이다.

중앙대는 올해 학생부교과전형과 학생부종합전형의 모집인원이 늘었다. 학생부교과전형은 117명이 늘어난 483명, 학생부종합전형은 무려 407명이나 늘어난 1,157명을 선발한다. 특기자전형은 폐지를 했고 논술전형은 86명을 줄여 895명을 뽑는다. 서울캠퍼스 기준으로 학생부교과전형은 377명, 학생부종합전형은 다빈치형인재 509명, 탐구형인재 553명 등이다.

학생부교과전형은 학생부 교과성적 70퍼센트에 비교과성적 30퍼센트를 반영한 후 수능 최저학력기준 충족여부를 따져 최종합격자를 가른다. 수능 최저학력기준은 인문계열 기준 2등급 3개, 자연계열 기준 2등급 2개, 자연계열 안성캠퍼스는 3등급 2개를 요구한다. 지난해와 비교해 모집인원만 늘어났을 뿐 전형방법의 변화는 없다. 학생부 교과전형의 경쟁률이 지난해와 비슷할 것으로 전망되는 이유이다.

학생부종합전형 중 다빈치형인재전형은 학업수학능력 50퍼센트와 비교과 영역 50퍼센트를 반영한다. 1단계에서 학생부, 자기소개서, 교사추천서 등 서류전형 100퍼센트로 모집인원의 1.5~3배수를 뽑은 다음, 2단계에서 1단계 성적 70퍼센트에 면접고사 성적 30퍼센트를 반영해 최종합격자를 결정한다.

학생부종합전형으로 탐구형인재도 있다. 면접 없이 학업수학능력 80퍼센트와 비교과 영역 20퍼센트를 반영해 최종합격자를 뽑는다. 학생부종합전형은 자기소개서의 영향력이 크다. 서류평가는 학생부, 자기소개서, 교사추천서가 들어가는데, 학생부는 이미 결정된 것이고, 교사추천서도 학부모와 수험생이 어찌할 도리가 없다. 결국 여름방학 이후 학부모와 수험생이 경쟁자와 격차를 벌릴 수 있는 거라곤 자기소개서밖에 없다. 합격이 충분한 교과성적이지만 자기소개서 때문에 불합격한 경우도 매년 적지 않다. 나중에 후회하는 일이 없도록 지금부터 자기소개서 글감을 찾는 것이 필요하다.

논술전형은 논술고사 성적 60퍼센트에 학생부 교과 20퍼센트와 학생부 비교과 20퍼센트를 반영한 다음, 수능 최저학력기준을 통과여부를 따져 최종합격자를 뽑는다. 논술전형은 학생부 교과성적보다는 논술고사 성적과 수능 최저학력기준 충족여부가 중요하다. 학생부교과전형의 교과성적 등급별 반영점수가 1등급 10점, 2등급 9.71점, 3등급 9.43점, 4등급 9.14점인 것과 달리 논술전형은 1등급 10점, 2등급 9.96점, 3등급 9.92점, 4등급 9.88점순으로 등급별 점수 차이가 미미하기 때문이다. 수능 최저학력기준은 학생부교과전형과 같다. 논술고사는 2시간 동안 진행된다. 인문사회는 언어논술, 경영경제는 언어논술에 수리논술을 함께 본다. 자연계열은 수리와 과학논술이다.

경희대

논술우수자전형 선발인원
10.1퍼센트 ↓
학생부종합전형은 5.7퍼센트 ↑

올해 경희대 수시모집 특징은 '학생부종합전형을 늘리고 논술전형은 대폭 줄였다'로 요약할 수 있다. 학생부종합전형은 지난해보다 5.7퍼센트 늘렸지만 논술우수자전형은 10.1퍼센트를 줄인 것. 학생부종합전형 중 가장 많은 인원을 뽑는 전형은 네오르네상스전형이다. 900명을 선발한다. 리더십 또는 봉사활동을 적극적으로 실천했거나, 세계

인으로 성장할 잠재력을 갖추었거나, 전문인 또는 문화인으로 성장할 잠재력을 갖추었다고 생각하면 누구나 지원할 수 있다.

지원자격이 코에 걸면 코걸이 귀에 걸면 귀걸이라 경쟁률이 높게 형성된다. 지난해 경희대 네오르네상스전형의 평균 경쟁률은 서울캠퍼스 기준으로 14 대 1 정도였다. 계열별로는 인문계열이 14 대 1, 자연계열은 15 대 1 수준이었다. 학교생활충실자전형 9.5 대 1, 지역균형 경쟁률 5.5 대 1과 비교하면 1.5~3배 정도 경쟁률이 높다.

네오르네상스전형은 단계별 전형이다. 1단계에서 학생부, 자기소개서, 추천서 등 서류평가로 모집인원의 5배수를 선발한 후, 1단계 성적 70퍼센트와 면접고사 성적 30퍼센트를 반영해 최종합격자를 결정한다. 수능 최저학력기준은 없다. 학생부 성적만큼 자기소개서도 중요하다. 자기소개서는 표절 시스템으로 돌려서 5퍼센트이상 표절한 것으로 의심되면 유사도심의위원회를 열어 그 정도에 따라 소명서를 제출받는다. 소명결과에 따라 감점 또는 불합격 등의 조치를 받으니 조심해서 나쁠 것은 없겠다. 남과 다른 나만의 자기소개서를 구체적으로 쓰고 싶다면 《IN서울 대학 자기소개서 쓰기의 비밀》을 참고하는 것도 좋다. 철저히 How에 초점을 맞추었다.

학교생활충실자전형은 360명을 뽑는다. 지난해보다 40명이 늘었다. 재수생까지 지원할 수 있으며 수능 최저학력기준은 없다. 학생부 교과성적 70퍼센트와 자기소개서와 교사추천서 등 서류평가 30퍼센트를 합산해 최종합격자를 뽑는다. 학생부 교과성적이 우수한 학생을 뽑겠다는 의도를 가진 전형이다.

지역균형전형은 232명을 뽑는다. 1학교마다 인문계열 1명과 자연계열 1명 등 2명을 추천할 수 있다. 재수생까지 지원할 수 있지만 사실상 재학생만 지원이 가능하다. 이런 전형은 재수생을 추천하는 경우가 거의 없기 때문이다. 선발방법은 학교생활충실자전형과 같다. 학생부 교과성적 70퍼센트와 자기소개서와 교사추천서 등 서류평가 30퍼센트를 합산해 최종합격자를 뽑는 것.

논술전형은 논술고사 성적 70퍼센트와 학생부 성적 30퍼센트를 합산한 후 수능 최저학력기준 충족여부를 따져 최종합격자를 고른다. 수능 최저학력기준은 인문계열 기준 수능 4개 영역 중 2개 2등급, 자연계열은 수능 4개 영역 중 2등급 1개와 3등급 1개이다. 지난해와 달라진 점은 탐구과목은 가장 성적이 좋은 1과목만 반영한다. 지난해는 2과목 평균이었다.

올해는 경희대를 포함해 적지 않은 대학들이 수능 최저학력기준을 완화했는데 대학들도 올해 수능이 지난해처럼 쉽게 출제될 것으로 예상하는 것이다. 논술고사는 인문사회계열은 1,500~1,800자 분량으로 2시간, 자연계열은 수학과 과학 각각 4개 문항씩 총 8개 문항이 출제된다.

Secret 10
한국외대

학생부교과전형 학생부
1등급부터 4등급 간 점수 차 3점 불과

한국외대는 2016학년도 수시모집에서 학생부교과전형과 논술전형만 수능 최저학력기준을 적용한다. 수능 최저학력기준은 서울캠퍼스 기준으로 학생부교과전형과 논술전형 모두 수능 4개 영역 중 2개 2등급이다.

글로벌캠퍼스 학생부교과전형은 인문계열 3개 영역 (국어+영어+수학) 중 3등급 하나, 자연계열은 수능 4개 영역 중 3등급 하나이다. 논술전형은 3등급 2개를 요구한다. 제2외국어 및 한문을 사회탐구 1과목으로 대체할 수 있다.

한국외대는 학부부 교과(일반) 423명, 학생부종합(일반) 663명, 논술형 566명, 외국어특기자 132명순으로 신입생을 모집한다. 지난해와 비교하면 학생부 교과는 50명, 학생부종합은 62명 늘었고 논술전형은 65명, 외국어특기자는 17명 줄었다.

학생부교과전형은 6수생까지 지원이 가능하다, 학생부 교과성적 100퍼센트로 뽑는다. 학생부 교과성적 100퍼센트라고 해서 겁낼 필요는 없다. 교과성적 1등급부터 4등급까지는 구간별 점수 차이가 거의 없기 때문이다.

한국외대 교과성적 반영방식으로 1등급은 200점을 받는다. 2등급은 1등급보다 0.5점 낮은 199.5점, 3등급은 1.5점 낮은 198.5점, 4등급은 3점 차이에 불과한 197점이다. 한국외대는 특정영역에 가중치를 준다. 인문계열에 지원한 수험생은 학생부 국어와 영어교과성적에 1.5를 곱해주는 것. 예컨대 A는 국어, 영어, 수학, 탐구교과성적이 평균 4등급이다. 하지만 국어와 영어 성적은 평균 2등급이고, 수학과 탐구교과는 평균 4등급이다. B는 평균 2등급이지만 국어와 영어 성적은 평균 4등급, 수학과 탐구교과는 평균 1등급이다. 이 두 친구가 한국외대에 지원하면 어떻게 될까?

A는 한국외대에서 1.5배 가중치를 두는 국어와 영어 교과성적이 각각 2등급이다. 이를 점수로 환산하면 국어와 영어는 199.5×0.3을 해서 119.7점이 된다. 수학과 탐구교과는 197×0.2를 해서 78.8이다. 결과적으로 A는 한국외대 방식으로 총 198.5점을 받는다. 반면 B는 198.2점을 받는다. 겉으로는 학생부 평균등급 2등급인 B가 학생부 평균등급 4등급인 A보다 좋은 성적을 받아야 하지만, 한국외대가 1.5배 가중치를 두는 국어와 영어교과성적 때문에 오히려 실제 점수는 A가 0.3점이 높다.

따라서 한국외대 학생부교과전형은 학생부 평균 교과성적이 다소 낮더라도 국어와 영어 교과성적이 상대적으로 높고 수능 최저학력기준을 충족할 수 있는 수험생이라면 지원을 생각하는 것도 좋겠다.

학생부종합전형은 3수생까지 지원할 수 있다. 1단계에서 학생부와 자기소개서를 평가해 모집인원의 3배수를 뽑은 후, 2단계에서 1단계 성적 70퍼센트와 면접고사 성적 30퍼센트를 반영해 최종합격자를 결정한다. 논술전형은 논술고사 성적 70퍼센트에 학생부 교과성적 30퍼센트를 반영한 후, 수능 최저학력기준 충족여부를 따져 최종합격자를 발표한다.

외국어특기자전형은 지원자격이 완화된 것이 특징이다. 지난해는 학과별로 일정 수준 이상의 공인어학성적이 필요했다. 예컨대 서울캠퍼스 영어학부, 국제통상학과, 영어교육과, 국제학부에 지원하고 싶다면 토플 105점, 토익 950점, 텝스 860점 이상의 점수를 받아야 했던 것. 하지만 올해는 해당 외국어 분야에서 탁월한 외국어 실력과 역량을 갖춘 자로 지원자격을 변경했다.

이는 한국외대 외국어특기자전형 경쟁률이 지난해보다 높아진다는 의미이다. 실제 영어를 수준급 이상으로 잘하는 수험생 중 공인어학성적이 없거나 시험에 응시하지 않아 지원을 못 하는 경우도 적지 않다. 그런 진입장벽이 다소 낮아졌으니 지원할 수 있는 대상은 늘어난 것이다. 전형방식은 학생부종합전형과 같다.

Secret 11

서울시립대

논술전형, 논술로 4배수 뽑은 후
학생부와 논술로 최종합격자 결정

서울시립대는 올해 논술전형에서 수능 최저학력기준을 없앴다. 하지만 뭐가 하나 쉬워지면 뭐가 하나 어려워지는 것이 인생사. 서울시립대는 수능 최저학력기준을 없앤 대신에 전형방법을 바꿨다. 지난해는 논술고사 성적 100퍼센트에 수능 최저학력기준 충족여부를 따져 최종합격자를 뽑았다. 하지만 올해는 단계별 선발이다.

1단계에서 논술고사 성적 100퍼센트로 모집인원의 4배수를 뽑은 다음, 2단계에서 논술고사 성적 50퍼센트와 학생부 성적 50퍼센트를 합산해 최종합격자를 뽑는 것. 일반 대학이 논술전형을 서울시립대처럼 단계별로 한다면 어떤 일이 생길까? 경쟁률은 그렇지 않을 때보다 낮아질 것이다. 단계별 선발에 따른 지원 부담이 있기 때문이다. 하지만 서울시립대는 논술고사 성적 100퍼센트로 뽑든 아니면 단계별로 뽑든 지원자는 일정하다. 경쟁률에 그다지 영향을 미치지 않는다는 말이다. 왜 그럴까? 서울시립대는 다른 대학과 달리 자신이 원한다고 논술전형에 지원할 수 없기 때문이다.

본인이 재학하는 고등학교 정원의 2퍼센트 안에서만 지원할 수 있다. 예컨대 전교생이 100명인 고등학교는 서울시립대 논술전형에 2명만 지원할 수 있다. 따라서 어떤 식으로 바뀌든 지원자는 일정하다(2015학년도 논술전형 경쟁률 33.8 대 1 → 2016학년도 경쟁률 35.36 대 1. 필자의 예상 적중). 게다가 반값등록금 등으로 서울시립대에 대한 지원자들의 선호도가 높아진 것도 감안해야 한다. 경쟁률이 지난해와 크

진짜 공신들만 아는 학생부종합전형의 비밀

게 다르지 않을 것으로 전망하는 이유이다. 논술전형의 모집인원은 지난해보다 11명 줄어든 190명이다.

학생부종합전형은 지난해보다 63명을 늘렸다. 수능최저학력기준은 요구하지 않는다. 1단계에서 학생부, 자기소개서, 교사추천서 등 서류평가 100퍼센트로 2배수를 뽑은 다음, 면접고사 성적 100퍼센트로 최종합격자를 결정한다. 적지 않은 대학들이 1단계 성적 70퍼센트+면접고사 성적 30퍼센트를 반영한다. 1단계 성적이 낙인처럼 계속해서 따라다닌다. 하지만 서울시립대는 2배수 안에만 들면 1단계 성적은 상관없이 면접고사 성적만으로 최종합격자가 결정된다. 면접고사의 영향력이 절대적이다. 면접고사는 발표면접과 자기소개서와 학생부 등 제출서류에 대한 확인면접으로 진행된다.

Secret 12

건국대

논술우수자전형 수능
최저학력기준 폐지 ··· 경쟁률 ↑

건국대 수시모집 전형은 지난해와 비교해 많은 부분에서 변화가 있다. 우선 지역인재전형이 신설됐다. 수능 최저학력기준도 완화됐다. 탐구과목 2과목 반영에서 1과목 반영으로 줄인 것. 논술전형은 수능 최저학력기준을 없앴다. 논술전형의 경쟁률이 지난해보다 높아질 것으로 전망되는 이유이다.

학생부 교과성적 등급별 점수도 변했다. 지난해는 1등급 10점, 2등급 9.7점, 3등급 9.4점, 4등급 9점순이었다. 하지만 올해는 1등급 10점, 2등급 9.97점, 3등급 9.94점, 4등급 9.9점순이다. 지난해보다 학생부 교과성적 편차를 줄였다. 지난해는 1등급과 4등급 간 1점 차이에 불과했지만 올해는 0.1점 차이다. 학생부 교과성적의 영향력이 감소했다는 의미이다. 따라서 자기소개서 등 서류가 들어가는 전형은 자기소개서, 서류가 들어가지 않는 전형은 수능 최저학력기준 충족여부가 더 중요해졌다.

세부전형별로 구체적인 전형방법을 살펴보자. KU자기추천전형은 608명을 뽑는다. 지난해보다 모집인원이 33명 늘었다. 재수생까지 지원 가능하다. 1단계에서 서류평가 100퍼센트로 3배수를 뽑고 면접고사 점수 100퍼센트를 반영해 최종합격자를 가른다. 많은 대학들이 2단계 전형에서 1단계 성적을 50~70퍼센트 정도 반영하지만, 건국대 자기추천전형은 2단계 전형에서 1단계 성적이 전혀 들어가지 않는다.

따라서 1단계만 합격하면 면접결과에서 판가름 난다.

면접의 핵심은 질문이다. 면접 질문은 학생부와 자기소개서를 토대로 만들어진다. 따라서 KU자기추천전형을 준비하는 수험생들은 자기소개서에 허위나 과장된 내용을 쓰지 않도록 주의하는 것이 필요하다. 면접고사는 개별면접으로 제출한 서류를 가지고 전공적합성과 인성을 확인한다. 발표면접은 제시문을 읽고 의견을 발표하는 방식으로 지원자의 논리력을 확인하고자 하는 목적이다. 수능 최저학력기준은 없다.

교과우수자전형은 6수생까지 지원이 가능하다. 학생부 교과성적 100퍼센트와 수능 최저학력기준 충족여부를 따져 합격자를 결정한다. 수능 최저학력기준은 인문계열 기준 수능 4개 영역 중 2개 2등급, 자연계열은 2등급 하나와 3등급 하나이다.

올해 신설된 지역인재전형은 서울과 경기, 인천을 제외한 지역 고등학교 재학생 또는 3수생까지 지원할 수 있다. 하지만 1학교당 5명까지 추천할 수 있기에 실제로는 재학생만 혜택을 보는 전형이다. 수능 최저학력기준은 없고 학생부 교과성적 30퍼센트에 서류평가 70퍼센트를 반영해 합격자를 뽑는다. 주의할 점은 신설된 전형은 첫해 경쟁률이 아주 높게 형성된다는 거다. 기대감 때문인데, 참고로 지난해 신설된 세종대 논술전형은 첫해 평균경쟁률이 25 대 1을 넘었다.

논술우수자전형은 논술고사 성적 60퍼센트와 학생부 성적 40퍼센트를 반영한다. 올해부터 수능 최저학력기준을 없앴다. 인문계열 논술고사는 자료제시형으로 도표자료가 포함된 다양한 지문이 나오는데, 1번 문항은 600자, 2번 문항은 1,000자 이내로 답안을 작성하면 된다. 지난해는 1번 문항이 500자 이내였다. 올해는 100자 정도 분량이 늘어났다. 상경계열은 지문제시형과 수리논증형을 복합한 형태다. 자연계열은 수학과 과학논제 1문항씩 출제된다. 과학은 모집단위별로 지정된 과목에 응시해야 한다. 풀이과정도 평가한다.

Secret 13

동국대

학생부종합전형 1단계 서류평가
중요성 커졌다!

동국대는 학생부종합전형 선발인원을 늘렸다. 지난해 466명에서 올해는 615명을 뽑는 것. 대표적인 학생부종합전형은 Do Dream과 지역우수인재를 뽑을 수 있다.

Do Dream은 3수생까지 지원할 수 있다. 1단계에서 학교생활기록부와 자기소개서로 모집인원의 3배수를 뽑은 후, 1단계 성적 70퍼센트와 면접고사 성적 30퍼센트를 반영해 최종합격자를 가른다. 지난해는 1단계 성적 60퍼센트에 면접고사 성적 40퍼센트였다. 이는 Do Dream 합격을 위해선 서류평가 성적이 훨씬 더 중요해졌다는 뜻이다. 1단계 서류평가에서 남보다 좋은 점수를 받아야 2단계 전형에서 유리한 고지에 설 수 있다. 자기소개서 준비에 소홀해서는 안 되는 이유이다. 단계별 기본점수만 봐도 1단계 성적의 중요성을 알 수 있다. 2단계 전형에서 반영되는 1단계 성적의 최고점수와 기본점수 차이는 280점이다. 반면 면접고사의 최고점수와 기본점수 차이는 120점에 불과하다. 수능 최저학력기준은 없다.

지역우수인재전형도 3수생까지 지원할 수 있다. 학교별로 5명까지 추천할 수 있기 때문에 경쟁률은 일정하게 유지되는 전형이다. 전형방식은 Do Dream전형과 같다.

불교추천인재전형과 학교생활우수인재전형은 학생부 위주 교과전형이다. 대한불교 조계종 산하 사찰 및 포교당 주지스님이나 종립고등학교 교장의 추천을 받아야만 한다. 3수생까지 지원할 수 있다. 1단계에서 학생부로 3배수를 뽑은 후 2단계에서 1단계 성적 70퍼센트와 면접고사 성적

30퍼센트를 반영해 최종합격자를 결정한다. 불교추천인재 전형 역시 지난해는 1단계 성적 60퍼센트와 면접고사 성적 40퍼센트를 반영했다. 수능 최저학력기준은 없다.

학교생활우수인재전형은 학생부 교과성적으로 3배수를 선발하고 2단계에서 서류심사와 면접고사를 실시한다. Do Dream과 불교추천인재전형처럼 1단계 성적 반영비율이 60퍼센트에서 70퍼센트로 늘었다. 3수생까지 지원할 수 있다. 학생부 교과성적의 실질 영향력이 크다. 반영 교과별 전체 성적을 반영하기 때문이다. 수능 최저학력기준이 없기 때문에 내신형 수험생들이 대거 지원할 것으로 전망된다.

논술전형은 많은 대학들이 모집인원을 줄이는 추세이다. 하지만 동국대는 지난해와 모집인원이 같다. 학생부 교과성적 40퍼센트와 논술고사 성적 60퍼센트를 반영하고 수능 최저학력기준 충족여부를 따져 최종합격자를 뽑는다. 수능 최저학력기준은 수능 4개 영역 중 인문계열은 2등급 2개, 자연계열은 2등급 하나와 3등급 하나이다. 경영학부와 경찰행정학과는 국어, 수학, 영어 중 2개 영역 2등급이다.

학생부는 인문계열은 국어, 영어, 수학, 사회교과, 자연계열은 국어·영어·수학·과학교과를 반영한다. 반영교과별로 상위 3개 과목만을 반영하는 것이 특징이다. 교과성적 1등급부터 4등급까지의 점수 차이도 0.4점에 불과하다. 따라서 학생부 교과성적보다는 논술고사 성적과 수능 최저학력기준 충족여부가 더 중요한 전형이라 할 수 있다. 논술고사는 지난해 2시간에서 올해는 1시간 40분으로 20분 줄었다. 계열별로 3개 문항을 최대 1,500자 분량으로 작성하도록 출제된다.

Secret 14

홍익대

수시모집 지원자 10명 중 6명은
수능 최저학력기준 미달로 탈락!

홍익대는 서울캠퍼스 기준으로 학생부전형(교과) 선발 인원이 879명으로 가장 많다. 지난해보다 선발인원이 29명 늘었다. 학생부 교과성적 100퍼센트를 반영하고 대학수학능력시험 최저학력기준 충족여부를 따져 최종합격자를 결정한다.

수능 최저학력기준은 ▲자율전공과 공과대학은 수능

진짜 공신들만 아는 학생부종합전형의 비밀

4개 영역 중 2개 영역 2등급 ▲건축대학은 4개 영역 중 1등급 2개 ▲수학교육과는 4개 영역 중 2등급 3개와 3등급 1개 ▲경영대학, 문과대학, 법과대학, 경제학부, 예술학과는 2등급 2개와 3등급 2개 ▲미술대학 자율전공은 수능 4개 영역 중 3개 영역 2등급 ▲미술대학은 3개 영역 평균 3등급이다.

다른 경쟁대학과 비교해 수능 최저학력기준이 다소 높다고 할 수 있다. 수학교육, 경영대학, 문과대학, 법과대학, 경제학부, 예술학과는 수능 4개 영역 모두에서 최저학력기준을 충족해야 한다. 홍익대 수시모집 지원자 중 수능 최저학력기준 미달로 불합격한 경우는 10명 중 6명 이상이라는 통계가 있을 정도로 탈락자 비율도 높다. 지난해 홍익대 학생부전형(교과)의 평균 경쟁률은 10 대 1 정도였다. 수능 최저학력기준을 통과한 학생은 4명 정도이기 때문에 실질 경쟁률은 4 대 1 이하라고 할 수 있다. 따라서 학생부 교과성적이 다소 낮아도 홍익대 수능 최저학력기준을 충족할 수 있다면 지원을 고려하는 것도 좋다.

학생부는 계열별로 반영 교과목이 다르다. ▲인문계열

과 예술학과는 국어, 영어, 수학, 사회탐구 ▲자연계열은 국어, 영어, 수학, 과학탐구를 반영한다. 반면 미술계열은 국어와 영어, 미술교과를 필수로 하고 수학과 사회탐구, 과학탐구 중 유리한 하나를 자동 반영해준다.

논술전형은 지난해보다 17명 줄어든 326명을 뽑는다. 학생부 성적 40퍼센트와 논술고사 성적 60퍼센트를 반영한 후, 수능 최저학력기준 충족여부를 따져 최종합격자를 결정한다. 학생부전형(교과)에 비해 수능 최저학력기준은 다소 낮다. ▲인문계열과 예술학과는 수능 4개 영역 중 2개 영역 2등급 ▲자연계열은 1등급 1개인 건축학부를 제외하곤 2등급 1개를 요구한다.

논술전형에서 학생부를 반영할 때 학년에 상관없이 가장 성적이 좋은 3개 교과 또는 5개 교과를 반영하는 식으로 학생부 점수를 무력화시키는 대학들이 적지 않지만 홍익대는 아니다. 반영 교과목 전부를 반영하는 것. 따라서 논술고사 성적도 중요하지만 학생부 성적도 중요한 지표 중 하나이다.

인문계열과 예술학과 논술고사는 2시간 동안 2,000자

분량 이내를 써야 한다. 통합교과형 인문·사회 분야 지문과 하나의 논쟁적 이슈나 현상에 대한 2~4개의 제시문을 주고 ▲제시문이 내포하는 문제들을 요약 ▲제시문에서 제시되는 다양한 시각들을 비교하고 분석 ▲논쟁적 이슈나 현상에 대한 자기 나름의 분석과 견해를 기술하는 유형으로 출제한다.

자연계열은 수리적 사고 능력을 평가하기 위한 지문 또는 질문(수리형)과 수학 및 자연과학 주요 분야 관심 이슈에 대한 2~4개의 제시문 또는 질문이 주어진다. ▲제시문이 내포하는 문제들을 요약 ▲다양한 논점 및 질문을 비교·분석·종합해 해결책 및 문제점 도출하고 수학적으로 표현 ▲제시문에 제시된 현상이나 이론 등에 대한 자신의 견해를 논리적 일관성을 가지고 기술하는 유형이다. 논술고사를 실시하는 적지 않은 대학들이 맞춤법에 대해서는 평가를 하지 않지만 홍익대는 원고지 작성법, 맞춤법, 띄어쓰기, 문장의 정확성, 요구된 분량의 준수여부 등도 채점대상이다.

Secret 15

숙명여대

논술우수자전형 학생부 교과성적
의미 없다 …
1~4등급 간 차 8.9점 불과

숙명여대는 수시모집 전형의 종류가 많은 편이다. 전형이 많다는 것은 발전가능성과 전공적합성, 인성, 학업성적 등이 우수한 학생들을 단 1명이라도 더 뽑겠다는 대학의 의지가 담겨 있는 것이다. 그러다 보니 논술우수자전형과 같은 독특한 전형방법이 탄생하는 것이다.

숙명여대 논술우수자전형은 345명을 뽑는데, 학생부

진짜 공신들만 아는 학생부종합전형의 비밀

교과성적 40퍼센트+논술고사 성적 60퍼센트와 수능 최저 학력기준 충족여부를 따져 최종합격자를 결정한다. 수능 최저학력기준은 수능 4개 영역 중 2개 2등급이다. 숙명여 대 논술고사는 기본점수가 있다는 것이 특징이다. 지난해 기준으로 600점 만점에 450점이 기본점수이다. 백지로 내 도 450점을 받는 것. 따라서 논술고사 성적의 최대 점수 차 이는 150점 내외이다.

학생부 교과성적 반영방법이 독특한 것이 특색이다. 학생부 교과성적이 큰 의미가 없는 것. 400점 만점에 학생 부 교과 2등급 이내는 모두 만점, 2~3등급은 395.6점, 3~4 등급은 391.1점순으로 점수 차이가 크지 않다. 1등급과 4 등급 점수 차이는 8.9점에 불과한 것이다. 이 말은 논술고 사와 수능 최저학력기준 충족여부가 합격과 불합격을 가 른다는 뜻이다.

학업우수자전형은 288명을 뽑는다. 학생부 교과성적 100퍼센트를 반영한다. 수능 최저학력기준은 논술전형과 같다. 지난해는 재수생까지 지원할 수 있었지만 올해는 3수 생까지다. 지원 가능 대상이 늘었기 때문에 경쟁률은 소폭 상승할 것으로 전망된다. 학업우수자전형은 '(11-환산 석차등급)×100점'으로 학생부 교과성적을 반영한다. 이런 방식이면 학생부 교과성적 1등급 1,000점, 2등급 900점, 3등급 800점순으로 반영된다. 즉 석차등급 1등급당 점수 차이가 100점씩 벌어지는 거다. 따라서 학생부 교과성적이 불리하다면 지원을 피하는 것이 좋다.

숙명여대에 지원할 계획이라면 모집인원이 적은 학과일수록 추가합격의 기회도 없었다는 사실을 명심하자. 2014학년도 학업우수자전형 중 11개 모집단위는 추가합격 인원이 없거나 1명에 불과했다. 이들 모집단위의 공통점은 모집인원이 2~3명에 불과했다. 반대로 모집인원이 10명을 넘어선 학과는 모집인원만큼 추가합격자가 생겼다. 경영학부는 15명 모집에 12명, 법학부는 11명 모집에 11명이 추가합격을 했다. 학과 선택에도 신중을 기하는 것이 필요한 이유이다.

학생부종합전형인 숙명미래리더전형은 2단계 전형이다. 1단계에서 학생부와 자기소개서 등 서류심사로 3배수를 뽑은 다음, 2단계에서 1단계 성적 40퍼센트와 면접고사 성적 60퍼센트를 반영한다. 수능 최저학력기준은 없다. 서류심사는 학교생활기록부와 자기소개서를 토대로 학업수행능력과 전공적합성, 성장가능성 등을 종합 평가한다.

　　다른 대학들과 달리 1단계 성적 비중이 상대적으로 크지 않다. 대신 면접고사 비중이 크니 이에 대비해야 한다. 면접고사는 평가위원 2명이 10~15분 내외로 제출서류 확인, 전공적합성, 의사소통능력과 인성 등을 확인한다.

Secret 16
국민대

학교생활우수자와
국민지역인재전형 신설!
경쟁률 높을 듯 …

　　국민대 수시모집 전형은 지난해와 비교해 변화가 많다. 우선 새로운 전형이 신설됐다. 학교생활우수자와 국민지역인재 2가지 전형이다. 신설 전형은 첫해 경쟁률이 높게 형성된다. 일종의 기대감 때문인데 지원에 신중을 기하는 것이 좋은 이유이다. 교과성적우수자전형2는 폐지했다.

　　전형별 모집인원도 변화가 크다. 우선 ▲교과성적우

　　　　　　　　　　　진짜 공신들만 아는 학생부종합전형의 비밀

수자전형은 지난해보다 63명 늘어난 385명 ▲국민프런티어전형은 115명 늘어난 518명을 뽑는다. 신설된 ▲학교생활우수자와 국민지역인재는 각각 259명과 149명을 선발한다.

교과성적우수자전형은 3수생까지 지원할 수 있다. 수능 최저학력기준도 없다. 1단계는 학교생활기록부 교과성적으로 모집인원의 6배수를 선발한 다음, 2단계에서 1단계 성적 70퍼센트에 면접고사 성적 30퍼센트를 반영해 최종 합격자를 결정한다. 면접고사는 기본소양1과 기본소양2로 나눠 진행하는데 수험생의 기본 자질과 품성 등을 평가한다. 일반적인 사회현상이나 이슈가 되는 내용에 대해 의견을 묻는 문제가 출제된다.

국민프런티어전형은 단계별 전형으로 1단계에서 학교생활기록부와 자기소개서 등 서류평가 100퍼센트로 모집인원의 3배수를 뽑는다. 지난해는 학교생활기록부 교과성적 30퍼센트와 서류평가 70퍼센트를 반영했다. 2단계는 1단계 성적 60퍼센트에 면접고사 성적 40퍼센트를 반영한다. 지난해는 1단계 성적과 면접고사의 반영비중이 5 대 5

로 동일했다. 올해는 1단계 서류평가의 영향력이 커진 셈이다. 이는 자기소개서가 중요해졌다는 의미이기도 하다. 지난해 국민프런티어전형으로 경영학과에 지원한 수험생 1명은 학생부 교과등급이 3.2등급에 불과했지만 자기소개서에서 높은 평가를 받아 합격의 기쁨을 누린 사례도 있었다. 자기소개서 쓰기가 고민일 때는 필자가 쓴《IN서울 대학 자기소개서 쓰기의 비밀》을 참고하는 것도 좋겠다. 면접은 입학사정관 면접으로 제출한 서류를 바탕으로 수험생의 전공적합성, 인성 등을 종합적으로 평가한다.

국민지역인재전형은 서울과 경기, 인천을 제외한 고등학교 출신 3수생까지 지원할 수 있다. 하지만 1학교마다 추천인원이 4명에 불과하다. 따라서 실제로는 고3만 지원 가능한 전형으로 보면 되겠다. 경쟁률은 학교별 추천인원이 있기 때문에 평균 7~8 대 1 수준이 될 것으로 전망한다. 학생부 교과성적 70퍼센트에 서류평가 30퍼센트를 반영한다. 면접도 없고 수능 최저학력기준도 없다. 내신형 수험생들이 몰릴 말한 조건은 다 갖추고 있는 것이다.

학교생활우수자전형도 3수생까지 지원할 수 있다. 학

생부 교과성적 70퍼센트에 자기소개서와 교사추천서 등 서류평가 30퍼센트를 반영한다. 국민지역인재전형과 마찬가지로 면접도 없고, 수능 최저학력기준도 없다. 게다가 학교장추천도 필요 없다. 국민지역인재전형보다는 경쟁률이 높아질 것으로 예상되는 이유이다.

Secret 17

숭실대

논술우수자전형 학생부 교과성적
영향력 크다!

숭실대는 2016학년도 수시모집에서 눈에 띄는 변화가
많다. 학생부우수자전형은 수능 최저학력기준을 없앴다.
전형방법도 바뀌었다. 학생부 교과성적 100퍼센트로 합격
자를 뽑았지만 올해는 단계별 선발이다. 1단계에서 학생부
교과성적 100퍼센트로 5배수를 뽑은 후 1단계 성적 70퍼
센트와 학생부종합평가 30퍼센트를 반영해 최종합격자를

진짜 공신들만 아는 학생부종합전형의 비밀

뽑는다. 일괄합산전형에서 단계별 전형으로 바뀌면 경쟁률이 낮아지는 것이 보통이다. 숭실대 학생부우수자전형의 경쟁률 역시 낮아질 것으로 예상할 수 있지만 오히려 늘어날 전망이다. 수능 최저학력기준 폐지로 이에 대한 부담이 없어졌기 때문이다(실제로도 필자의 예상이 적중했다. 2015학년도 숭실대 학생부우수자 평균 경쟁률은 6.45 대 1이었지만 2016학년도는 10.69 대 1로 2배 가까이 높아진 것이다).

학생부우수자전형에서 또 하나 주목해야 할 점은 학생부 반영 교과목의 가중치 변경이다. 지난해 숭실대 인문계열은 국어 30퍼센트, 수학 20퍼센트, 영어 30퍼센트, 사탐 20퍼센트로 국어와 영어에 1.5배의 가중치를 주었다. 그렇지만 올해는 국어 35퍼센트, 수학 15퍼센트, 영어 35퍼센트, 사탐 15퍼센트로 변경했다. 경상계열은 국어 20퍼센트, 수학 30퍼센트, 영어 30퍼센트, 사탐 20퍼센트에서 국어와 사탐 각각 15퍼센트, 수학과 영어 각각 35퍼센트 비율로 바꾸었다. 자연계열은 국어 20퍼센트, 수학 30퍼센트, 영어 20퍼센트, 과학탐구 30퍼센트에서 국어 15퍼센트, 수학 35퍼센트, 영어와 과학 각각 25퍼센트로 변경했다. 따라서 지난해 합격자 성적을 보고 지원을 결정하는 것은 신중해져야 한다. 가중치가 대폭 변경됐으니 그에 따라 최종 합격자 성적도 변화가 있을 수밖에 없다.

논술우수자전형은 모집인원이 지난해보다 27명 줄었다. 학생부 교과성적 40퍼센트와 논술고사 성적 60퍼센트를 반영한다. 수능 최저학력기준은 인문과 경상계열은 수능 4개 영역 중 2등급 하나와 3등급 하나, 자연계열은 3등급 2개이다. 논술고사는 11월 14일(토)에 실시될 예정. 숭실대 논술우수자전형은 학생부 교과성적의 영향력이 다른 대학에 비해 상대적으로 크다. 적지 않은 대학의 논술우수자전형은 교과등급 간 점수 차이가 0.2점에 불과할 정도로 형식적이다. 반면 숭실대는 등급 간 2점 차이다. 숭실대 논술우수자전형에서 학생부 영향력이 얼마나 큰지 알 수 있다. 논술고사 성적뿐 아니라 학생부 교과성적 관리에도 신경을 써야 하는 이유이다.

SU미래인재전형은 단계별 전형이다. 선발인원이 지난해보다 26명 늘었다. 1단계는 서류 100퍼센트로 3배수를 선발한 후, 1단계 점수 60퍼센트와 면접고사 성적 40퍼센트를 합산해 최종합격자를 뽑는다. 서류는 학생부와 자기소개서를 토대로 전공적합성, 자기주도성, 창의성, 성실성, 발전가능성, 인성 등을 평가하고, 면접고사는 입학사정관 1명을 포함한 면접관 2~3명이 활동의 성실성, 학업의지, 전공적합성, 학업계획의 충실도, 인성, 잠재력 등을 15분 이내로 평가한다.

Secret 18

세종대

논술우수자전형 모집인원 233명 줄어 ···
경쟁률은 학과에 따라
3~5 정도 높아질 전망

　　세종대 논술우수자전형 모집인원은 지난해 697명에서 올해는 233명이 줄어든 464명이다. 학생부 교과성적 50 퍼센트와 논술고사 성적 50퍼센트를 반영하고 수능 최저 학력기준 충족여부를 따져 최종합격자를 결정한다. 수능 최저학력기준은 인문계열은 수능 4개 영역 중 2등급 1개 와 3등급 1개, 자연계열은 3등급 2개이다.

지난해 세종대 논술우수자전형 경쟁률은 25 대 1 수준이었다. 올해는 30 대 1에서 33 대 1정도로 높아질 전망이다. 모집인원수가 대폭 줄었기 때문에 응시자들도 줄어들 것으로 생각할 수 있지만, 논술전형 응시자들은 해마다 일정한 비율이다. 필자는 이를 '논술전형응시자 보존의 법칙'이라고 정의한다. 응시인원은 일정한데 모집인원은 줄어드니, 역으로 경쟁률은 상승하게 되는 것이다(이 역시 필자의 예상이 적중했다. 2016학년도 논술우수자전형의 평균 경쟁률은 34.74 대 1이었다).

인문계열 논술고사는 통합교과형으로 출제된다. 지문의 논리적 이해분석력과 비판적으로 해석하는 능력 등을 종합적으로 평가한다. 자연계열은 고교 교육과정에 제시된 여러 단원의 개념 이해정도와 그 개념을 융합적으로 활용할 수 있는지 등을 따진다.

학생부우수자전형은 모집인원이 늘었다. 지난해보다 226명이 늘어난 527명을 뽑는다. 6수생까지 지원할 수 있다. 학생부 교과성적 100퍼센트를 반영하고 수능 최저학력기준은 없다. 모집인원이 대폭 늘어나면 경쟁률은 하락하는 것이 일반적이다. 하지만 세종대는 오히려 지난해와 비슷한 수준이거나 학과에 따라서는 소폭 상승할 것으로 전망된다. 지난해는 수능 최저학력기준을 요구했지만 올해는 수능 최저학력기준을 요구하지 않는다. 수능 최저학력기준에 대한 부담이 없어진 만큼 경쟁자들은 더 많아지는 것이다. 하지만 학생부우수자전형의 특성상 경쟁률이 몇십 대 1 수준으로 치솟지 않는다. 학생부우수자전형에 지원할 수 있는 대상자가 한정돼 있기 때문이다. 참고로 지난해 평균 경쟁률은 7.7 대 1 수준이었다(필자의 예상이 맞았다. 평균 경쟁률이 9.53 대 1로 소폭 늘어난 것이다).

창의인재전형도 모집인원이 늘었다. 지난해보다 18명 늘어난 230명을 뽑는다. 3수생까지 지원할 수 있다. 수능 최저학력기준은 없다. 학교생활기록부와 자기소개서, 교사 추천서 등 서류평가로 모집인원의 3배수를 선발한 후 1단계 성적 50퍼센트와 면접고사 성적 50퍼센트를 반영해 최종합격자를 뽑았던 지난해와 달리, 올해는 1단계 성적 70퍼센트와 면접고사 성적 50퍼센트를 반영해 최종합격자를 뽑는다.

1단계 서류평가의 영향력이 커진 만큼 1단계 서류평가에서 남보다 좋은 점수를 받아야 2단계 전형에서 유리한 고지에 설 수 있다. 자기소개서 준비에 소홀해서는 안 되는 이유이다. 자기소개서 쓰기가 고민일 때는 필자가 쓴《IN 서울 대학 자기소개서 쓰기의 비밀》을 참고하는 것도 좋은 방법이다. 면접고사는 면접관들이 15분 동안 ▲제출 서류의 진실성 확인 ▲지원자의 인성 ▲전공적합성 ▲발전가능성 ▲의사소통능력 등을 평가한다.

　　지역인재전형은 올해 신설된 전형이다. 서울과 경기, 인천을 제외한 지역에 있는 고3 재학생만 지원 가능하다. 학교마다 5명만 추천할 수 있다. 응시자 제한이 있기 때문에 평균 경쟁률은 5~7 대 1선이 되리라 전망한다. 학생부 교과성적 70퍼센트와 비교과성적 30퍼센트를 반영하고 수능 최저학력기준은 없다.

Secret 19

단국대

DKU창의인재전형
지난해 평균 경쟁률 15.1 대 1 …
올해는?

단국대도 수시모집 전형별 모집인원의 변화가 적지 않은 대학이다. 논술전형은 지난해 400명 선발에서 올해는 44명 줄어든 356명을 선발한다. 대신 학생부교과우수자전형은 지난해보다 91명 늘어난 414명, DKU창의인재전형은 72명 늘어난 380명을 뽑을 예정이다.

DKU창의인재전형은 고3 재학생만 지원할 수 있는

전형이다. 학생부와 자기소개서 등을 토대로 학업역량, 인성, 창의적 역량을 종합적으로 평가해 최종합격자를 뽑는다. 수능 최저학력기준은 없다. 경쟁률은 고3만 지원 가능한 것에 비하면 상대적으로 높다. 지난해 평균 경쟁률은 15.1 대 1이었다. 올해는 지난해보다 소폭 상승할 것으로 전망된다. 모집인원이 다소 늘었지만 그만큼 지원자도 늘었기 때문이다. 수험생 10명 중 4명 이상이 학생부종합전형에 지원할 것이라는 통계가 있을 정도로 학생부종합전형에 대한 선호도가 커졌다.

DKU창의인재전형에 지원을 고민하는 수험생은 자기소개서에 학업역량, 인성, 창의적 역량 등을 어떻게 담을지 고민해야 한다. 경쟁자들과 차별화되는 자신만의 자기소개서를 준비하고 싶다면 필자가 쓴《IN서울 대학 자기소개서 쓰기의 비밀》을 참고하는 것도 좋은 방법이다.

논술우수자전형은 학생부 교과성적 40퍼센트와 논술고사 성적 60퍼센트를 반영한다. 수능 최저학력기준은 지난해부터 없어졌다. 논술고사는 계열별로 출제되는데, 인문계열은 2시간 동안 다양한 지문을 바탕으로 종합적 사고를 측정하는 통합교과형 3문제가 나온다. 지문의 독해력, 문제해결능력, 사고력 등을 평가한다.

자연계열은 2시간 동안 통합교과형으로 수리중심 2문제, 과학적 사고력 및 추리력 평가를 위한 일반과학 1문제를 풀어야 했던 지난해와 달리 올해는 수리중심 3문제를 풀어야 한다. 이 점이 자연계열 수험생들에게 일정 부분 부담이 될 것이나 경쟁률에는 큰 영향을 미치지 않을 전망이다. 논술전형에 지원해야 할 수험생은 크게 줄지 않았지만 지난해와 비교해 논술전형 모집인원은 눈에 띄게 줄었기 때문이다(단국대 논술우수자전형 경쟁률은 2015학년도 47.75 대 1, 2016학년도 47.18 대 1이었다. 필자의 예상대로다).

학생부교과우수자전형은 학생부 교과성적 100퍼센트와 수능 최저학력기준 충족여부를 따져 최종합격자를 결정한다. 수능 최저학력기준은 인문계열은 3등급 2개, 자연계열은 3등급 하나와 4등급 하나이다. 학생부 반영방법을 살펴보자. 인문계열은 국어교과 30퍼센트, 영어교과 30퍼센트, 수학교과 20퍼센트, 사회탐구 20퍼센트의 비율로 과목별로 가중치를 준다. 자연계열은 수학과 영어교과 각각

30퍼센트, 국어와 과학탐구 교과는 각각 20퍼센트 비율이다. 교과 1등급부터 6등급까지 점수 차이가 5점에 불과하다는 것이 재밌다. 교과성적 1등급 100점, 2등급 99점, 3등급 98점, 4등급 97점, 5등급 96점, 6등급 95점, 7등급 70점, 8등급 40점, 9등급 0점순이다. 학생부 교과등급이 4~6등급 이내로 상대적으로 불리해도 논술고사에 자신이 있고 수능 최저학력기준을 충족할 수 있다면 지원을 고민해보는 것도 좋다.

Secret 20

광운대

논술우수자전형 수능 최저학력기준 폐지 …
그 여파는?

    광운대는 논술우수자전형의 수능 최저학력기준을 없
앴다. 학생부 성적 40퍼센트와 논술고사 성적 60퍼센트를
반영한다. 논술고사는 600점 만점에 300점, 학생부 성적
은 400점 중 기본점수가 200점이다. 논술고사는 300점 안
에서 학생부 성적은 200점이 실질 반영점수인 것. 논술고
사는 2시간 동안 치른다. 인문계열 논술고사는 통합교과형

2문제가 출제되고 문제당 답안은 700~1,000자 이내이다. 자연계열은 수리논술 2문제가 나오고 총 10문제 이내의 소문제가 출제된다.

고교 교과과정에서 다루는 개념, 정의, 용어와 정리를 활용해 기술된 제시문이 나온다는 것이 대학 측의 설명이다. 모집인원은 지난해보다 25명을 줄인 215명을 뽑는다. 논술우수자전형의 모집인원은 2014학년도 348명 → 2015학년도 240명 → 2016학년도 215명순으로 3년 연속 줄고 있다. 그만큼 경쟁률은 올라갈 전망이다. 올해 물수능에 대한 불안감으로 수능 최저학력기준에 부담을 느끼는 수험생들이 많다. 이들의 탈출구 중 하나가 수능 최저학력기준이 없는 논술전형인데, 이런 대학들이 그다지 많지 않기 때문이다(광운대 논술우수자전형 경쟁률은 2015학년도 61.87 대 1, 2016학년도 62.12 대 1이었다. 모집인원이 25명 줄었고 경쟁률은 0.25 대 1 상승한 것. 필자의 예상이 맞았다. 예상이 틀릴 때도 있지만 분석한 대로 적중할 때의 기분은 표현할 수 없을 정도이다).

광운참빛인재전형은 학생부종합전형이다. 지난해는 291명을 뽑았는데, 올해는 330명이다. 1단계에서 학생부와 자기소개서 등 서류평가로 3배수를 뽑은 후 2단계에서 1단계 성적 60퍼센트에 면접고사 성적 40퍼센트를 반영해 최종합격자를 결정한다. 수능 최저학력기준은 없다. 1단계는 학생부와 자기소개서를 검토해 전공적합성, 자기주도역량, 인성 등을 보고 면접고사는 성장잠재력과 융합적사고력, 인성을 평가한다. 1인당 면접시간은 10분 내외이다.

지난해 필자가 '광운참빛인재전형 경쟁률은 10 대 1 거뜬히 돌파한다'라고 장담을 했는데, 실제로도 그런 결과가 나왔다. 지난해 광운참빛인재전형 평균 경쟁률은 11 대 1이었던 것. 올해는 12~13 대 1 정도로 경쟁률이 올라갈 것이다. 모집인원이 늘긴 했지만 경쟁자들은 그 이상으로 늘었기 때문이다. 한 입시기관의 설문조사 결과 10명 중 4명 이상은 수시모집에서 학생부종합전형에 응시할 계획이란다. 치열한 경쟁을 뚫고 학생부종합전형에서 합격의 기쁨을 누리기 위해서는 경쟁자들과 차별되는 나만의 자기소개서를 쓰는 것이 더욱 중요해졌다. 자기소개서 쓰기가 고민이라면 필자가 쓴 《IN서울 대학 자기소개서 쓰기의 비밀》을 참고하는 것도 좋은 방법이다.

교과성적우수자전형은 지난해 281명 선발에서 올해는 9명이 줄어든 272명을 뽑는다. 학생부 교과성적 100퍼센트와 수능 최저학력기준 충족여부를 따져 합격자를 가른다. 학생부는 인문계열은 국어·수학·영어·사회탐구, 자연계열은 국어·수학·영어·과학탐구를 반영한다. 수능 최저학력기준은 수능 4개 영역 중 2개 영역 3등급이다.

　　학생부는 1학년 20퍼센트, 2~3학년 각각 40퍼센트를 반영하며 반영교과별로 가중치가 있다. 인문계열은 국어와 영어에 각각 30퍼센트, 자연계열은 수학과 과학탐구에 각각 30퍼센트의 가중치를 준다. 따라서 광운대 지원을 고민하는 경우라면 자신의 학생부 교과성적을 광운대 방식으로 계산해볼 필요가 있다. 자신이 알고 있는 학생부 평균 교과성적이랑은 차이가 있을 수 있어서이다.

Secret 21
명지대

학생부종합전형 학생부
3~3.5등급 이내면 합격 가능할 듯!

명지대 학생부교과전형은 학생부 교과성적 100퍼센트로 뽑는다. 올해는 학생부교과전형에서 수능 최저학력기준을 없앴다. 모집인원도 지난해보다 138명이나 줄어든 436명인 것도 변수이다. 수능 최저학력기준에 대한 부담뿐 아니라 모집인원도 눈에 띄게 줄었기 때문에 경쟁률과 합격성적은 높아질 것이다. 지난해 인문계열 합격자 평균

진짜 공신들만 아는 학생부종합전형의 비밀

내신은 2.74등급 자연계열은 3.1등급이었지만 올해는 인문계열은 2.3등급, 자연계열은 2.7등급 정도로 전망되는 이유이다(실제로도 2015학년도 학생부교과전형 평균 경쟁률은 5.3 대 1, 2016학년도 평균 경쟁률은 13.5 대 1을 기록했다).

　　학생부(교과면접)전형은 지난해보다 2명이 늘어난 566명을 뽑는다. 학생부 교과성적으로 5배수를 뽑은 다음, 1단계 성적 60퍼센트와 면접고사 40퍼센트를 반영한다. 디자인학부는 전형방식은 동일하지만 1단계에서 10배수를 선발한다. 수능 최저학력기준은 없다. 면접은 지원자의 ▲성실성 ▲공동체 의식 ▲기초 학업역량 ▲전공 잠재역량을 평가하지만 면접고사 시간이 5~7분에 불과하다. 형식적인 면접이라 볼 수 있는 것. 따라서 최종합격자는 교과성적으로 결정된다고 보는 것이 현실적이다. 지난해 면접전형 최초합격자 학생부 교과성적은 인문계열 2.3등급, 자연계열 2.8등급이었다.

　　자기소개서가 필요한 학생부종합(면접)전형은 지난해보다 108명이 늘어난 416명을 뽑는다. 1단계에서 학생부와 자기소개서를 평가해 모집인원의 3배수를 뽑은 후 1단계 성적 60퍼센트와 면접고사 성적 40퍼센트를 반영해 최종합격자를 결정한다. 서류평가는 학교생활부와 자기소개서, 교사추천서를 토대로 인성과 전공적합성, 발전가능성을 종합평가한다. 면접은 면접위원 2~4명이 수험생 1명당 15분 이내에서 인성과 전공적합성, 문제해결능력, 의사소통능력을 평가한다. 물론 수능 최저학력기준은 없다. 지난해 학생부종합 합격생들의 평균등급은 인문계열 3등급, 자연계열 3.5등급 이었다. 올해는 지난해와 비슷할 것으로 전망된다.

1단계 서류평가 성적이 60퍼센트나 반영되기 때문에 발전가능성과 전공적합성, 인성을 잘 드러낸 자기소개서를 쓰는 것이 중요해졌다. 자기소개서 쓰기가 고민이라면 필자가 쓴 《IN서울 대학 자기소개서 쓰기의 비밀》을 참고해 보자.

상당수 대학들이 학생부를 반영할 때 인문계열은 과학탐구, 자연계열은 사회탐구를 빼주곤 한다. 하지만 명지대는 계열 관계없이 국어, 영어, 수학, 사회, 과학교과 모두를 반영하는 것이 특징이다. 석차등급 배점기준을 보면 4

등급 이후부터는 점수 격차가 커진다. 3등급 이내의 수험생들이 유리한 이유이다. 실제로도 명지대 수시모집 합격자들의 평균 내신 성적은 3등급 이내 수준이다.

상명대

수시모집 수능 최저학력기준
강화됐다는데 …

상명대는 지난해보다 수시모집 선발인원이 늘었다. 지난해보다 81명 늘어난 773명을 뽑는다. 학생부교과우수자 전형 모집인원도 늘었다. 지난해 101명에서 올해는 181명으로 늘어난 것. 3수생까지 지원할 수 있고, 교과성적 100퍼센트와 수능 최저학력기준 충족여부를 따져 최종합격자를 뽑는다. 수능 최저학력기준은 지난해보다 강화됐다. 인문계열은 국어A형 1등급, 국어B형 3등급, 영어 3등급 중 1개에서 수능 4개 영역 중 3등급 2개로, 자연계열은 수학A형 1등급, 수학B형 3등급, 영어 3등급 중 1개에서 수능 4개 영역 중 3등급 하나와 4등급 하나로 변경됐다. 지난해는 1개를 충족하면 됐지만 올해는 2개를 충족해야 하는 상황인 것. 학생부 반영방법도 달라졌다. 지난해 인문계열은 국어·영어·사회탐구, 자연계열은 수학·영어·과학탐구를 반영했다. 올해는 인문계열에 수학교과, 자연계열은 국어교과가 추가됐다. 지난해보다 경쟁률과 합격자 교과성적이 하락할 가능성이 높아졌다. 수능 최저학력기준 강화와 학생부 반영교과 추가에 부담을 느낀 수험생들의 이탈이 적지 않을 것이기 때문이다(2015학년도 학생부교과우수자전형 경쟁률 11.65 대 1→2016학년도 경쟁률 10.12대. 예상 적중).

선택교과면접전형 역시 3수생까지 지원할 수 있다. 지난해보다 47명 늘어난 191명을 뽑는다. 학생부 교과성적 100퍼센트로 모집인원의 5배수를 뽑은 후 1단계 50퍼센트와 면접고사 50퍼센트를 반영해 최종합격자를 가른다. 수능 최저학력기준은 학생부선택교과우수자전형과 같다. 학생부 반영방법이 특이한 것에 주목하자. 국어, 수학, 외국어(영어), 사회, 과학교과 중 지원자 본인이 선택한 2개 교과를 반영한다. 지난해보다 경쟁률은 상승할 것으로 전망한다. 지난해 선택교과면접전형과 학생부 반영교과 반영방식이 같았던 선택교과우수자전형이 없어졌기 때문이다. 면접고사는 면접위원 3명이 수험생 1명을 대상으로 적성과 인성, 전공적합성, 기초소양, 발전가능성 등을 10분 이내로 평가한다. 최고점수는 100점, 기본점수는 40점을 준다. 따라서 면접의 실질 반영점수가 60점인 셈이다. 면접 준비에도 신경을 써야 하는 이유이다.

학생부종합전형인 상명인재전형은 240명을 뽑는다. 지난해보다 모집인원이 13명 줄었다. 3수생까지 지원 가능하다. 단계별 전형으로 1단계에서 서류평가 100퍼센트로 모집인원의 3배수를 뽑은 후, 2단계에서 1단계 성적 50퍼센트와 면접고사 성적 50퍼센트를 반영해 합격자를 결정한다. 지난해는 1단계 성적 30퍼센트+면접고사 성적 70퍼센트였다. 1단계 서류평가의 중요성이 커진 것이다. 그만큼 자기소개서도 중요해졌다. 자기소개서 쓰기가 고민이라면 필자가 쓴《IN서울 대학 자기소개서 쓰기의 비밀》을 참고한다.

지역균형전형은 50명을 선발한다. 3수생까지 지원할 수 있다. 보통 지역이라는 명칭이 있는 전형은 대개가 출신 고교별로 추천인원의 제한이 있지만 상명대는 예외이다. 따라서 경쟁률도 그렇지 않은 대학의 지역전형에 비하면 높게 형성되는 편이다. 참고로 지난해 평균 경쟁률은 7.4 대 1이었다(2015학년도 경쟁률 7.4 대 1 → 2016학년도 11.32 대 1).

가톨릭대

학생부 반영방법 변경,
과목별 상위 3개 → 전 과목

가톨릭대도 수시모집 전형요강에 대한 변화가 많은 대학이다. 학생부우수자전형이 단계별 전형에서 일괄합산 전형으로 바뀐 것과 학생부 반영방법이 변경된 것이 대표적이다. 학생부우수자전형은 4수생까지 지원할 수 있다. 학생부 100퍼센트와 수능 최저학력기준 충족여부를 따져 최종합격자를 뽑는다. 모집인원은 지난해와 같은 357명이다. 단계별 전형이 일괄합산전형으로 바뀌면 경쟁률은 올라가는 것이 보통이다. 하지만 가톨릭대는 지난해와 비슷하거나 오히려 약간 떨어질 수 있다. 학생부 반영방법이 바뀌었기 때문이다(2015학년도 학생부우수자전형 경쟁률 6.68 대 1 →2016학년도 경쟁률 6.38 대 1. 필자의 예상 적중). 지난해는 국어, 영어, 수학, 탐구교과 중 가장 성적이 좋은 3개 과목씩 총 12개 과목을 반영했지만 올해는 모든 교과목을 반영한다. 지원에 부담을 느낄 수밖에 없는 것이다. 수능 최저학력기준은 지난해와 같다. 인문과 사회, 생활과학부, 미디어기술콘텐츠학과는 수능 4개 영역 중 2개 영역 3등급, 컴퓨터정보공학부와 정보통신전자공학부, 자연과학부와 생명환경학부는 1개 영역 3등급을 요구한다. 탐구과목은 지난해 2개 과목에서 올해는 1개 과목 반영으로 바뀌었다.

잠재능력우수자전형은 229명을 뽑는다. 지난해보다 64명 늘었다. 재수생까지 지원할 수 있고 단계별 전형이다. 학교생활기록부와 자기소개서 등 서류평가를 통해 모집인원의 3배수를 뽑은 다음, 1단계 성적 80퍼센트와 면접고사 성적 20퍼센트를 반영해 최종합격자를 뽑는다. 수능 최저학력기준은 없다.

가톨릭지도자추천전형은 재수생까지 지원할 수 있다. 사제의 추천을 받거나 아니면 가톨릭계 고교장추천을 받아야 한다. 올해 이 전형으로는 처음으로 의예과를 모집한다. 학교생활기록부와 자기소개서 등 서류평가를 통해 모집인원의 3배수를 뽑은 다음, 1단계 성적 80퍼센트와 면접고사 성적 20퍼센트를 반영해 최종합격자를 뽑는다. 수능 최저학력기준은 없다.

논술우수자전형은 논술고사 50퍼센트와 학생부 50퍼센트를 반영한 후, 수능 최저학력기준 충족여부를 따져 최종합격자를 뽑는다. 수능 최저학력기준은 학생부우수자전형과 동일하다. 논술고사 성적과 학생부 교과성적의 실질 반영비율이 비슷하다는 것이 특징이다. 논술고사 만점은 500점에 기본점수는 332.2점, 학생부 교과성적 만점은 500점에 최저점 362.5점인 것. 논술고사와 학생부 교과성적 둘 다 중요한 지표로 활용하겠다는 거다. 논술고사는 의예과를 제외한 나머지 모집단위는 10월 11일에, 의예과는 수능이 끝난 후 11월 15일에 실시한다.

지역균형전형은 올해 신설됐다. 서울과 경기, 인천을 제외한 고3 대상으로 학교별로 2명만 추천할 수 있다. 학교생활기록부와 자기소개서 등 서류평가를 통해 모집인원의 3배수를 뽑은 다음, 1단계 성적 80퍼센트와 면접고사 성적 20퍼센트를 반영해 최종합격자를 뽑는다. 수능 최저학력 기준은 없다.

Secret 24
경기대

논술우수자전형 모집인원 줄어 ···
경쟁률 높아진다

경기대 논술우수자전형은 185명을 뽑는다. 55명이 줄었다. 학생부 교과성적 60퍼센트와 논술고사 성적 40퍼센트를 반영했던 지난해와 달리 올해는 각각 5 대 5 비율로 반영된다. 논술고사의 영향력이 커진 것이다. 수능 최저학력기준은 없다. 필자가 지난해 '경기대 논술우수자전형은 논술고사 준비와 수능 최저학력기준에 대한 부담이 없어

진짜 공신들만 아는 학생부종합전형의 비밀

내신형 수험생이 대거 지원할 것으로 보인다. 이는 경쟁률과 학생부 평균등급 상승으로 나타날 가능성이 크다'라고 전망했다. 실제로도 그런 결과가 나왔다. 2014학년도 합격자 학생부 평균등급은 3.83등급, 지난해는 3.39등급으로 약 0.5등급 정도 평균등급이 올라간 것. 올해는 모집인원이 줄었고 논술고사의 영향력이 높아진 만큼 지난해보다 경쟁률은 높아질 것이 뻔하다. 합격자 성적은 지난해와 비슷하거나 소폭 내려갈 것으로 전망된다(2015학년도 논술우수자 경쟁률 24.45 대 1, 2016학년도 경쟁률 26.77 대 1. 예상 적중).

KGU종합인재는 3수생까지 지원할 수 있다. 484명을 뽑는다. 지난해보다 45명 늘었다. 자기주도적 학습능력, 타인에 대한 배려와 리더십, 창의성과 문제해결능력을 갖춘 인재를 뽑는다. 학생부 교과성적과 비교과, 자기소개서를 토대로 모집인원의 3배수를 뽑은 후, 1단계 성적 50퍼센트와 심층면접 성적 50퍼센트를 반영해 최종합격자를 가린다. 수능 최저학력기준은 없다. 심층면접은 발표면접으로 면접위원들이 지원자 1명을 대상으로 전공적합성, 창의성, 의사소통능력 등을 15분 동안 종합 평가한다.

교과성적우수자전형은 총 710명을 뽑는다. 지난해보다 모집인원이 88명 늘었다. 학생부 교과성적 100퍼센트와 수능 최저학력기준 충족여부를 따져 합격자를 결정한다. 수능 최저학력기준은 지난해와 같으면서도 다르다. 지난해는 인문과 예능계열은 국어·수학·영어 3개 영역의 등급 합 11등급, 자연계열은 국어·수학·영어 3개 영역의 등급 합 12등급이었다. 올해도 합계등급은 변함이 없다. 대신에 지난해는 수능 3개 영역에서 최저 학력기준을 충족해야 했지만 올해는 수능 4개 영역에서 충족하면 된다. 지난해 국어와 영어의 난도 대란 때문에 수능 최저학력기준을 충족 못 한 수험생들이 많았음을 본다면 엄청난 변화라 할 수 있다. 따라서 지난해보다 경쟁률은 약간 상승할 것으로 전망된다(2015학년도 교과성적우수자전형 경쟁률 16.76 대 1, 2017학년도 16.65 대 1. 예상과 달리 경쟁률이 0.11정도 낮아졌다. 100퍼센트 정확할 수는 없다).

학생부 반영 교과목은 인문과 자연계열 구분 없이 국어, 영어, 수학, 사회탐구, 과학탐구를 반영한다. 계열별로 반영교과의 가중치가 다른 것이 특징. 인문과 예체능계열은 국어와 영어 각각 30퍼센트, 수학 10퍼센트, 사회탐구 20퍼센트, 과학탐구 및 기타 10퍼센트의 비율이다. 반면 자연계열은 수학과 영어 각각 30퍼센트, 과학 20퍼센트, 국어 10퍼센트, 사회탐구 및 기타 10퍼센트이다. 인문과 예체능은 국어와 영어, 자연계열은 수학과 영어의 교과성적이 중요한 이유이다.

Secret 25
가천대

학생부우수자전형
내신 4~5등급도 합격 가능?

　　가천대 학생부우수자전형은 533명을 뽑는다. 3수생까지 지원할 수 있고, 학생부 100퍼센트와 수능 최저학력기준 충족여부를 따져 최종합격자를 결정한다. 보통 학생부우수자전형은 학생부 교과 1~2등급 학생들의 전유물로 여기기 쉽다. 하지만 가천대 방식이면 학생부 교과 4~5등급 이내 학생들도 학생부우수자전형에서 희망을 볼 수 있다.

가천대는 학생부우수자전형에서 학생부 교과 반영방식이 다르기 때문이다. 학년에 상관없이 국어, 수학, 영어, 탐구 교과에서 가장 성적이 좋은 5개 과목씩 총 20개 과목을 반영한다. 이런 방식이면 자신이 알고 있는 학생부 평균 교과 등급에 비해 성적은 올라간다.

석차등급 간 점수 차이도 거의 없다. 1등급과 2등급 0.5점, 1등급과 3등급 1점, 1등급과 4등급 1.5점, 1등급과 5등급 간 점수 차이는 2점에 불과하다. 6등급 이하로는 점수 차이가 급격히 벌어진다. 따라서 4~5등급 수험생들도 학과만 잘 조합하고 수능 최저학력기준을 통과할 수 있다면 합격의 가능성이 있다.

수능 최저학력기준은 지난해와 달라졌다. 수능 4개 영역 중 2개 영역의 등급 합 5에서 올해는 2개 영역의 등급 합 6으로 완화됐다. 3등급 2개인 것. 탐구는 1개 과목 반영이다. 영역별로 수능 응시영역이 지정돼 있는 것이 특징. 인문계열은 국어B형과 수학A형에, 자연계열은 국어A형과 수학B형에 응시해야 지원할 수 있다. 학생부적성우수자전형은 학생부 60퍼센트에 적성고사 성적 40퍼센트를 반영한다. 지원자격에 제한은 없다. 지난해는 1,285명을 뽑았지만 올해는 300명가량 줄어든 964명을 뽑는다. 수능 최저학력기준은 없다. 가천대 적성고사는 수능과 출제유형이 유사하며 국어, 수학, 영어 모두 고교 교과과정에서 80퍼센트가 출제되고 나머지 20퍼센트는 응용문제로 나온다. 1시간 동안 국어와 수학 각각 20문제, 영어 10문제를 풀어야 한다. 총점 400점에 230점이 기본점수이니 점수 차이는 170점 안에서 벌어진다.

가천대 학생부종합전형인 가천프런티어전형은 3수생까지 지원할 수 있다. 497명을 뽑는다. 1단계 학생부와 자기소개서 등 서류평가로 4배수를 뽑았던 지난해와 달리 올해는 3배수를 뽑는다. 수능 최저학력기준은 없다. 2단계에서 1단계 성적 50퍼센트와 면접고사 성적 50퍼센트를 반영해 최종합격자를 가린다.

가천바람개비전형은 올해 신설됐다. 305명을 뽑을 예정. 학생부 70퍼센트에 자기소개서 등 서류평가 30퍼센트를 반영한다. 수능 최저학력기준은 없고 3수생까지 지원할 수 있다. 학생부 교과 1등급부터 3등급까지는 점수 차이가 없다는 것이 특징이다. 학생부 교과 3등급도 가천바람개비 전형에서는 학생부 교과 1등급과 같은 점수를 받는 것이다. 신설 전형은 첫해 경쟁률이 높게 형성된다. 일종의 기대감 때문인데 지원에 신중을 기하는 것이 좋은 이유이다 (2016학년도 경쟁률은 14.99 대 1. 가천프런티어 경쟁률 13.9 대 1보다 1.01 정도 높았다). 신설 전형에다 1등급과 3등급 간 점수 차이가 없기 때문에 자기소개서가 합격과 불합격을 가르는 결정적인 역할을 할 것으로 보인다. 자기소개서 쓰기가 고민이라면 필자가 쓴 《IN서울 대학 자기소개서 쓰기의 비밀》을 참고하도록 하자.

한국항공대

학생부 학기마다 가장 성적이 좋은 1개 과목씩 반영!

한국항공대는 수시모집에서 학교생활기록부 교과성적 반영방법이 독특하다. 국어, 수학, 영어, 탐구교과 중 학기마다 가장 성적이 좋은 1개 과목씩을 반영하는 것. 이런 방식이면 대개는 지원자의 학생부 교과성적이 높아진다. 지원계열에 따라 반영 교과목의 가중치가 있다는 것에 주의하자. 공학계열은 국어 15퍼센트, 영어 30퍼센트, 수학

35퍼센트, 과학탐구 20퍼센트의 비중으로 가중치를 둔다. 반면 이학계열은 국어 20퍼센트+수학 30퍼센트+영어 30 퍼센트+탐구 20퍼센트, 사회계열은 국어 25퍼센트+영어 35퍼센트+수학 20퍼센트+탐구 20퍼센트의 비율이다. 가중치가 다른 만큼 한국항공대 방식으로 정확히 계산해보길 권한다.

석차등급 간 점수 차이도 1등급과 4등급까지는 1점에 불과하다. 석차등급 1등급은 100점, 2등급과 3등급은 각각 99점과 98점, 4등급은 97점을 주는 식이다. 하지만 5등급부터는 등급 간 점수 차이가 2점, 3점, 4점순으로 커진다. 교과등급 4등급 이내 수험생들이 지원하라는 학교 측의 숨은 배려라 할 수 있다.

수시모집 전형별 모집요강을 살펴보자. 가장 선발인원이 많은 교과성적우수자전형은 211명을 뽑는다. 지난해보다 55명이 줄었다. 2016년 2월 졸업예정자 및 2011년 2월 이후 졸업자가 지원할 수 있다. 학생부 교과성적 100퍼센트와 수능 최저학력기준 충족여부를 따져 최종합격자를 뽑는다. 수능 최저학력기준은 공학계열은 3등급 2개, 나머지는 2등급 하나와 3등급 하나이다. 탐구는 1개 과목 기준이다.

　　일반학생전형은 지난해보다 44명 줄어든 134명을 뽑는다. 학교생활기록부 성적 40퍼센트와 논술고사 성적 60퍼센트를 반영한다. 수능 최저학력기준은 없다. 논술고사는 2시간 동안 치러진다. 공학계열은 수리논술, 이학계열은 언어와 수리논술, 인문계열은 언어논술을 치른다. 계열에 상관없이 3문제가 출제된다.

　　미래인재전형은 60명을 뽑는다. 자기소개서가 필요한 학생부종합전형이다. 1단계에서 학생부와 자기소개서 등 서류평가 100퍼센트로 모집인원의 3배수를 뽑은 다음, 1단계 성적 60퍼센트와 면접고사 성적 40퍼센트를 반영해 최종합격자를 가린다. 면접고사는 지원자 1명을 대상으로 2명의 면접위원이 전공적합성과 발전가능성, 인성을 평가한다.

　　학교생활우수자전형은 올해 신설됐다. 86명을 뽑는다. 1단계에서 서류종합평가 100퍼센트로 3배수를 뽑은 다음, 2단계에서 1단계 성적 60퍼센트에 면접고사 성적 40퍼센트를 반영해 최종합격자를 뽑는다. 면접고사는 미래인재전형과 방식이 같다. 필자는 기회가 될 때마다 신설된 전형은 가급적 지원을 피하라고 강조하고 있다. 신설 전형은 첫해 경쟁률이 높게 형성되기 때문이다. 일종의 기대감 때문인데 지원에 신중을 기하는 것이 필요하다(2016학년도 경쟁률은 6.38 대 1을 기록했다).

Secret 27

성신여대

수시모집 숳전형
수능 최저학력기준 없어

2016학년도 성신여대 수시모집 전형은 학생부(종합),
학생부(교과), 특기자, 실기전형의 4개 트랙으로 나뉘어 있
다. 이 중 학생부(교과)의 선발인원이 488명으로 가장 많
다. 학교생활기록부 100퍼센트로만 뽑는다. 전형 이름에
서 알 수 있듯이 교과성적이 중요한 전형이다.

　지난해 기준 학생부(교과)전형 합격자의 학생부 교과

등급 평균은 인문과학대학 1.62등급, 사회과학대학 1.56등급, 법과대학 1.71등급, 자연과학대학 1.97등급, 생활과학대학 1.57등급, 간호학과 1.24등급, 사범대학 1.47등급, 융합문화예술대학 1.36등급이었다. 올해도 지난해와 비슷하거나 소폭 상승할 것으로 전망된다. 전형요강의 변화가 없기 때문이다. 대학수학능력시험 최저학력기준은 없다. 참고로 성신여대는 모든 수시모집 전형에서 수능 최저학력기준이 없다.

학생부(종합)는 376명을 선발한다. 두 번째로 모집인원이 많다. 학교생활우수자와 지역균형선발 등으로 나뉜다. 학교생활우수자는 단계별 선발이다. 학생부로 모집인원의 3배수를 뽑은 후, 학생부와 자기소개서, 교사추천서를 종합평가해 최종합격자를 선발한다. 사범계열은 여기에 교직적·인성평가가 추가된다. 다른 대학과 달리 면접전형이 없는 것이 특징이다.

지역균형선발은 학교생활우수자전형과 선발방법은 같다. 하지만 지역균형선발은 1학교당 5명까지만 추천할 수 있다는 것이 다르다. 지역균형선발이 학교생활우수자전형과 비교하면 경쟁률은 상대적으로 더 낮고 합격자의 학생부 성적은 더 높을 것으로 전망되는 이유이다.

어학우수자는 단계별 선발이다. 소수인원인 31명을 선발한다. 공인어학성적은 필수이다. 1단계에서 자신이 지원하는 전공의 공인어학성적 100퍼센트로 3배수를 뽑은 후, 2단계에서 1단계 성적 50퍼센트＋학생부 성적 30퍼센트＋면접고사 성적 20퍼센트를 반영해 최종합격자를 결정한다.

성신여대 학생부 반영방법은 간호대학을 제외하고는 필수로 반영되는 영역과 본인이 선택할 수 있는 영역으로 나뉘는 것이 특징이다. 예컨대 인문과학대학은 국어와 영어교과를 필수로 하고 사회교과와 수학교과 중 하나를 선택할 수 있다. 따라서 성신여대 학생부 반영방법으로 계산해 유불리를 판단하는 것이 필요하다.